GB/T 19001—2016 质量管理体系解读

那宝魁　编著

北　京
冶　金　工　业　出　版　社
2018

内 容 简 介

企业标准化管理不仅有利于提高企业的管理水平，也会增强企业的市场竞争力，促进企业获取更大的发展。本书共6章，分别介绍了GB/T 19001—2016《质量管理体系　要求》，中国钢铁工业存在的问题和发展方向，中国耐火材料行业存在的问题和发展分析，如何进行监视、测量、分析和评价，如何审核钢铁和耐火材料企业生产过程，如何进行内部审核和管理评审。

本书可供钢铁企业从事管理工作的领导和技术人员阅读，也可供大专院校相关专业的师生参考。

图书在版编目(CIP)数据

GB/T 19001—2016质量管理体系解读/那宝魁编著．—北京：冶金工业出版社，2018.1

ISBN 978-7-5024-7722-6

Ⅰ.①G…　Ⅱ.①那…　Ⅲ.①质量管理体系—国家标准—研究—中国　Ⅳ.①F273.2-65

中国版本图书馆CIP数据核字(2018)第008490号

出 版 人　谭学余
地　　址　北京市东城区嵩祝院北巷39号　邮编　100009　电话　(010)64027926
网　　址　www.cnmip.com.cn　电子信箱　yjcbs@cnmip.com.cn
责任编辑　李培禄　美术编辑　彭子赫　版式设计　孙跃红
责任校对　郑　娟　责任印制　李玉山
ISBN 978-7-5024-7722-6
冶金工业出版社出版发行；各地新华书店经销；三河市双峰印刷装订有限公司印刷
2018年1月第1版，2018年1月第1次印刷
169mm×239mm；8.75印张；142千字；118页
35.00元

冶金工业出版社　投稿电话　(010)64027932　投稿信箱　tougao@cnmip.com.cn
冶金工业出版社营销中心　电话　(010)64044283　传真　(010)64027893
冶金书店　地址　北京市东四西大街46号(100010)　电话　(010)65289081(兼传真)
冶金工业出版社天猫旗舰店　yjgycbs.tmall.com

序　言

国际标准化组织（ISO）ISO 9001：2015 最终国际标准草案进行了投票表决，正式版 ISO9001：2015 标准于 2015 年 9 月 23 日上午 10 点正式发布。

自 1987 年 ISO 9000 正式诞生以来，标准已经过四次正式的改版。

第一次改版发生在 1994 年，它沿用了质量保证的概念，传统制造业烙印仍较明显；第二次改版是在 2000 年，标准引入了“以顾客为关注焦点”“过程方法”等基本理念，具备了更强的适用性；第三次改版是在 2008 年，这次改版是一次“编辑性修改”，并未发生显著变化；第四次改版是现在正在进行的 2015 版本，这次改版在结构、质量手册、风险等方面都发生了变化。

ISO 9000 族标准是国际标准化组织（ISO）在 1994 年提出的概念，是指“由 ISO/TC176（国际标准化组织质量管理和质量保证技术委员会）制定的国际标准”。

ISO 9001 是最基本的质量管理体系。新版的 ISO 9001：2015 标准更是引入了风险管理、对组织内部和外部环境的识别等先进理念，使其更注重产品和服务提供的结果与用户感受，更适合各种提供服务的行业。ISO 9001 质量体系认证是指第三方（认证机构）对企业的质量体系进行审核、评定和注册活动，其目的在于通过审核、评定和注册活动来证明企业的质量体系符合 ISO 9001 标准。

ISO 9001 标准要求形成八项质量管理原则：（1）以顾客为关注焦

点；（2）领导作用；（3）全员参与；（4）过程方法；（5）管理的系统方法；（6）持续改进；（7）基于事实的决策方法；（8）与供方的互利关系。ISO 9001 标准要求形成文件的程序有：文件控制、记录控制、内部审核、不合格品控制、纠正措施和预防措施等。2017 年对 ISO 9001：2015 质量管理体系标准知识进行了讲解解决方案-生产/经营管理-经管营销-专业资料。2015 版 ISO 9001《质量管理体系　要求》国际标准已进入最终国际标准。我国也按 2015 版 ISO 9001《质量管理体系　要求》国际标准，修改了 GB/T 19001—2016。

我国将 ISO 9001：2015 改编成 GB/T 19001—2016，根据 GB/T 19001—2016 的要求，那宝魁同志不仅理解 GB/T 19001—2016 质量管理体系　要求、中国钢铁工业存在的问题和发展方向，并且编写了中国耐火材料行业存在的问题和发展分析、监视和测量在质量管理体系中的作用、如何审核钢铁和耐火材料企业生产过程、如何进行产品质量的监视和测量、如何进行内部审核和管理评审等。

我认为那宝魁编著的《GB/T 19001—2016 质量管理体系解读》，不仅有利于企业了解标准的内容，而且也有助于贯彻执行标准的要求。企业根据新标准要求，采用过程方法，结合 DCA 循环和基于风险的思维，将实现企业预期的质量管理体系绩效。

那宝魁同志是我国钢铁冶金界知名专家，20 世纪 50 年代毕业于东北工学院（现东北大学）钢铁冶金系。他先在钢铁研究总院从事科研工作后任副院长，又调任冶金工业部科技司副司长，继而升任质量司司长。现在担任钢铁研究总院技术顾问。他针对质量管理体系，经常与钢铁企业交流，一起研究贯彻执行工作。企业能从他的交流中受到启发和教益。我感觉他学养深厚，勤于思考，涉猎广泛，视野宽阔。他有一些观点往往对钢铁企业具有时代针对性和可操作性，给钢铁企业提供深刻的印象。

中国工程院原副院长
国家新材料产业发展专家咨询委员会主任

2017 年 11 月 16 月

前　言

国际标准化组织已将ISOI9001：2008《质量管理体系　要求》修改为IS09001：2015《质量管理体系　要求与指南》，我国2016年12月30日，国家质量监督检验检疫总局、国家标准化管理委员会批准发布了163项国家标准。其中包括GB/T 19000—2016《质量管理体系　基础和术语》和GB/T 19001—2016《质量管理体系　要求》两项，即将GB/T19001—2008《质量管理体系　要求》修改为GB/T 19001—2016《质量管理体系　要求》。附录A中，用“成文信息”取代了原GB/T 19001—2008标准中文件、质量手册、形成文件的程序和记录。

这次修改仍然强调最高管理者的领导和承诺对质量管理体系的有效性具有重要责任，并根据企业的背景和条件以及发展方向，在本企业制定质量方针和目标。不仅是最高管理者，也要求各层领导建立统一的宗旨和方向，并且创造全员参与的条件，以实现组织的质量目标。

GB/T 19001—2016《质量管理体系　要求》2016年12月30日正式发布，2017年7月1日开始实施。

质量管理原则有以下7项：

（1）过程方法；

（2）改进；

（3）关系管理；

（4）循证决策；

（5）以顾客为关注焦点；

（6）领导作用；

(7) 全员积极参与。

与 GB/T 19001—2008 相比，具有以下主要技术变化：

(1) 提高服务行业适用性；

(2) 采用 ISO/IEC 导则；

(3) 非常强调组织环境；

(4) 采用基于风险思维；

(5) 加强要求领导作用；

(6) 成文信息要求灵活；

(7) 更少的规定性要求；

(8) 更加增强顾客满意。

管理原则包括以顾客为关注焦点、领导作用、全员参与、过程方法、改进、基于证据的决策和关系管理。因为相关方影响组织的绩效，组织管理强调与所有相关方的关系，以最大限度地发挥其在组织绩效方面的作用。对供方及合作伙伴关系的管理是非常重要的。在质量管理体系中，除了规定以顾客为关注焦点外，也强调遵守适用的法律法规，重视人力、设备和信息等资源的管理，对产品的设计和开发以及生产和服务提供过程进行控制，提供符合法律法规、标准和顾客要求的产品和服务。该标准强调为了持续成功，组织需要管理与供方等相关方的关系。为此不仅对企业内部，对相关的外部供方，包括采购、销售和外包过程也提出要求和控制。仍然要求对产品和过程进行监视、测量、分析和评价，对不合格进行控制和改进，也要求进行内部审核和管理评审。

这次修改最重要的变化是强调建立适合组织具体要求的管理体系，使质量与更广泛的业务策略相适应。在标准中强调风险防范意识，采取应对风险和机会的措施，鼓励持续改进。这次修改的标准对文件的规定性要求更少，各组织可以自行决定需要采用什么文件和记录什么信息，将文件和记录统称为文件化信息。虽然没有要求编制管理手册、程序文件、作业规程和记录，但是管理手册、程序文件、作业规程和记录也应属于文件化信息，质量管理体系要求信息准确和灵通，及时传递与沟通。目前，我国也有不少钢铁企业建立了ERP或其他类型的信息管理系统，但是有的只是对物资流和资金流的管理，信息流并不完整。质量管理要求提升信息化水平，不仅仅限于按合同组织生产、交付和结算，必须将与质量管理有关的信息系统化、数字化和可视化，为发展决策提供依据。文件化信息可以具有不同的格式和介质，对“两化融合”具有重要作用。

另外本标准也采用PDCA循环，并要求树立关注风险的思维，目的在于利用机会优势和防止非期望结果，实现将过程和系统作为整体进行管理，将其他管理体系标准的要求也融入质量管理体系，能够实现与其他主要管理体系标准保持一致或整合一体化。另外，该标准要求组织应策划和实施措施，以处理风险和机会。处理风险和机会为增加质量管理体系的有效性、实现改进结果和防止负面影响建立基础。

为了确保质量管理体系要求的适用性，该标准不要求“删减”。但是，组织可以依据本身的规模或者复杂程度，确定采用的管理模式、活动的范围以及面临的风险和机会等，也可以决定某些不适用的要求。

我国是钢铁工业生产大国，但是在产能过剩和品种结构问题上仍然存在一些风险。与其他行业相比，钢铁工业转变发展方式显得尤为重要。为了实现可持续发展，淘汰落后产能、优化品种结构和实施节能减排已成为钢铁企业的主要发展方向和战略目标。但是，对质量管理在转变发展方式中的作用，仍然存在认识和实践方面的差距。近年来钢铁产品质量的升级与生产设备（硬件）的更新有很大关系，而相比之下质量管理（软件）比较薄弱，颇有“硬件不软，软件不硬”的感觉。钢铁企业贯彻实施 GB/T 19001—2016《质量管理体系　要求》应是适应转变发展方式的重要管理模式之一。

近年来我国钢铁企业设备更新很快，有相当一部分装备具有国际先进水平。但是还有相当一部分产品，特别是高技术含量和高质量等级的钢材仍然依赖进口。为了提高市场的占有率和竞争力，产品和过程的设计与开发是关键。应对未来市场的判断，甚至做到“前期介入”，为企业技术创新找到切入点，从跟踪性创新，向原始性创新发展。

钢铁企业贯彻实施 GB/T 19001 标准已经有超过 20 年的历史，提高质量管理体系的有效性，仍然存在不小的空间，这不仅是钢铁企业的使命，也是审核机构和审核人员的责任。在审核过程（包括内部审核和外部审核）中，应根据 GB/T 19001—2016、IS09001：2015《质量管理体系　要求》的要求，帮助企业加深对质量管理体系的认识和理解，有针对性地提高质量管理水平。另外，审核人员不仅应对标准要求理解得比较深刻，也必须对企业的产品实现过程比较熟悉，否则审核过程会表面化和形式化。

目前，全国钢铁行业步入了微利时代，许多钢铁企业处于微利甚至亏损的困境。2014 年，中国钢铁工业协会会员企业实现利润前 10 名的企业盈利额占全行业盈利额的 60%，其中有 7 家企业利润保持增长，而亏损前 10 名企业的亏损额占全部亏损额的 90%。盈利比较好的钢铁企业，不仅产品市场竞争力强，而且企业经营管理水平也比较高；而亏损企业不仅产品竞争力弱，经营管理水平也存在一些问题。

鉴于这种形势，如何脱困已成为钢铁企业关注的要点，而加强企业的质量管理也是提升企业盈利能力的重要方向。钢铁企业的质量管理主要应是满足顾客对产品的质量要求。但是，为了扭转当前这种亏损形势，质量管理不只重视产品质量，更要求提高经营质量。质量管理应该是针对当前钢铁行业困难形势所采取的管理创新、促进改革、扭转亏损和提高效益。

质量管理是企业在以顾客为关注焦点的基础上，考虑到企业投资方、员工、供方等相关方的利益和社会责任，而推出的质量管理原则、方针、目标和方法，有助于钢铁企业改革创新和在新常态下进行转型升级，扭转亏损局面。

质量管理是用质量去管理企业，用质量去经营企业，用质量去发展企业。在全球市场竞争激烈的形势下，质量管理已经突破了产品和服务质量的范围，也超越了企业传统的管理范围，与企业的价值观、理念、战略、使命、顾客、市场和经营等密切融合。

针对我国钢铁行业的现有形势和局面，贯彻实施质量管理的核心应是：不仅以国内顾客的需求为中心，也应包括以国外顾客的需求为中心，积极接近关键顾客（包括“一带一路”），扩大领先产品的海外销售额，提高国外销售率和国际竞争力。

质量管理要求也重视与国内外顾客的相互交流，提供符合顾客要求的产品，包括提供机械加工和热处理的钢铁产品和服务。2014 年，我国钢材出口量接近 1 亿吨，创历史新高，但出口销售率不到 1/10，而国外有的钢铁企业在国际市场的销售率达到 30%，接近 1/3。为了提高钢铁产品出口水平，贯彻实施质量管理体系标准也是非常重要的。

目前，世界经济复苏缓慢，国内经济有所下行，钢铁产品的需求处于下降形势，钢材市场竞争也越来越激烈，钢铁行业面临的形势仍然严峻。面临这种形势，顾客和市场对产品质量要求更高，并逐步向高端产品发展。受需求增速放缓的影响，各钢铁企业应确保产销衔接和展开激烈的价格竞争，并且逐渐从长材领域延伸到板带材。前些年，在向高端品种要效益的转型发展思路下，国内钢铁企业均大规模投资建设板带材生产线，由于消费增速放缓，板带材市场的竞争日益加剧。

该质量管理体系标准将相关过程方法纳入系统进行理解和管理，有助于组织实现其预期结果的有效性和效率。相关过程方法重视组织控制系统的过程之间的相互影响和相互依存关系，因此，组织的总体绩效可能得到提升，所以质量管理也应重视产品的品牌战略开展设计和开发过程。在市场竞争激烈的情况下，品牌是客户选择生产企业的重要因素，是生产企业有效经营的重要基础。例如，宝钢的汽车板、武钢的硅钢片、包钢和攀钢的重轨、莱钢和马钢的 H 型钢，均是我国的名牌产品，不仅在国内，在国际市场上也具有一定的竞争力。据统计，宝钢汽车板实施品牌战略的第一年，品牌第一的提及率为73.02%，品牌认同度为 94.18%，品牌影响力为 81.55%，当年世界品牌实验室给武钢品牌价值评估为 597.38 亿元；武钢是继宝钢之后获得驰名商标的又一家钢铁企业，世界品牌实验室给武钢品牌价值评估为 101.72 亿元。可见品牌不仅塑造了企业形象，而且提高了经济效益，品牌已经成为企业的重要发展战略。质量管理应非常重视品牌的设计和开发战略，除产品和服务质量外，品牌战略更强调经营理念、管理水平、信誉程度和社会责任。为了实现品牌战略目标，企业应提高产品实物质量，满足客户增值需求；坚持企业技术创新，提升产品竞争优势，重视关键技能传承，提高技术装备效能，严格质量管理，健全和提高质量管理体系的管理水平。例如宝钢的超超临界火电机组钢管、鞍钢核反应堆用钢、武钢无取向硅钢、太钢不锈钢的精密薄带钢产品等创新是产品设计开发和创新的实例。

2015 年钢材也供过于求，出口数量有所降低，钢材价格处于徘徊，钢材市场仍然处于弱势。钢铁行业的发展步入新常态，必须调整产业结构和加快优化速度。认真贯彻实施 GB/T 19001—2016《质量管理体系　要求》，钢铁行业由原来的依靠数量扩张和价格竞争向依靠高质量、差异化竞争转变。坚持以提高质量和效益为核心，适应经济新常态，力争在营造公平竞争、化解产能过剩矛盾、提升钢铁行业竞争力和企业效益方面取得新进展。

2016 年，我国钢铁行业深入推进供给侧结构性改革，大力化解过剩产能，各项政策措施陆续出台，效果开始显现，市场出现积极变化，钢铁行业运行走势稳中趋好。

2017 年我国钢铁行业是供给侧结构性改革的深化之年，也是去产能的攻坚之年。钢铁行业要适应这种新变化，抓住并利用好这个新变化，实现行业的脱困发展、转型升级。包括化解过剩产能力度将持续加大，有效供给水平将不断提升。钢铁行业兼并重组将深入推进和钢材需求量将保持稳定。也就是说钢铁工业是国民经济的重要基础产业，是国家经济水平和综合国力的重要标志，钢铁发展直接影响着与其相关的国防工业及建筑、机械、造船、汽车、家电等行业。随着国际产业的转移和中国国民经济的快速发展，中国钢铁工业取得了巨大成就。

质量管理要求也重视与国内外顾客的相互交流，提供符合顾客要求的产品，包括提供机械加工和热处理的钢铁产品和服务。2016 年我国出口钢材 10843 万吨，同比下降 3.5%。2017 年 8 月中国出口钢材 652 万吨，同比下滑 27.6%；1~8 月中国出口钢材 5447 万吨，与去年同期相比下滑 28.5%。为了提高钢铁产品出口水平，贯彻实施质量管理体系标准也是非常重要的。

GB/T 19001—2016《质量管理体系　要求》的质量管理也应包括降低产品生产成本。降低生产成本不仅是节约生产过程能耗，降低原料消耗和提高生产效率，更重要的是防止盲目投资和减少贷款。为了降低成本和提高效益，也应降低采购成本，在选择供方前，应当对供方进行评价。该标准规定，组织应基于外部提供方按要求提供过程或产品和服务的能力，确定和应用评价、选择、绩效监视及再评价的准则。组织应确保外部提供的过程、产品和服务对组织向顾客提供合格产品和服务的能力没有不利影响。为了建立互利共赢的关系，企业应首先评价和选择关键的供方。在评价和选择供方时应制订完整和规范的准则，并通过降低故障成本和提高预防与鉴定成本，达到最佳的质量状态，应是质量成本控制的关键。

GB/T 19001—2016《质量管理体系　要求》标准认为基于风险的思维对实现有效的质量管理体系是必要的。在组织需要策划和实施措施，以处理风险和机会。处理风险可包括避免风险，承担风险以追求机会，消除风险源，改变可能性或者后果，分担风险，或依据可靠的决策保留风险。处理风险和机会为增加质量管理体系的有效性、实现改进结果和防止负面影响建立基础。所采取的任何风险和机会的应对措施，应与其对产品和服务的符合性的潜在影响相适应。

“新常态”对钢铁企业来说是有风险，是挑战，但也有机遇，是加快结构调整，谋求以改革创新促进发展的新机遇。面对这种风险应抓住机遇，提高企业的质量管理和经营水平。首先应抓住钢铁行业结构调整、转型升级的新机遇。

机会可能是有利于实现预期结果的形势，例如，允许组织吸引客户、开发新产品和服务、减少浪费或改进生产力的一组情况。应对机会的措施可能同时包括对相关风险的考虑。风险是不确定性的影响及任何可能有正面或负面影响的不确定性。从风险中产生的正面偏离可能提供机会，但并非所有风险的正面影响都导致机会。

在“十三五”期间，钢铁行业在新常态形势下，对大部分企业来说，质量管理也应是重点。贯彻实施 GB/T 19001—2016《质量管理体系　要求》，提高产品和服务质量主要有两方面：一是在采取一些必要措施促进技术创新，在一定程度上提高产品质量，尤其是提高产品质量的稳定性和有效性；二是根据企业的发展战略和目标，促进产品创新，提高产品附加值和效益。

GB/T 19001—2016《质量管理体系　要求》在提到与其他管理体系标准的关系时，表示本标准采用由 ISO 开发的框架，以提高管理体系国际标准之间的一致性。本标准能够让组织使用过程方法，包括 PDCA 循环和基于风险的思维，将其他管理体系标准的要求融入质量管理体系。

无论是大型企业或小型企业，无论是国营企业或民营企业，以及从事何种活动、产品和服务的企业，应根据其任务、需要和特点建立一体化的管理体系。按标准要求建立一体化管理体系实际上是企业进行质量管理、环境管理、职业健康安全管理、能源管理和“两化融合”管理，提高产品质量、改善环境、保证安全、节约能源和实现信息化与工业化融合，达到可持续发展的运行机制。一体化管理体系虽然不只是独立的管理体系，但也不能取代现行有效的管理体系。建立一体化体系仍然是按标准要求来调整机构、明确职责、制定目标、加强控制，使各标准化管理体系与全面管理体系融合为一个有机的整体。

目前，有些钢铁企业正在或已经进行三个（或更多）管理体系的认证，也取得了一定的成效。但是，一体化存在一些问题，主要是受政府职能分割和行政干预的影响，使某些企业的管理体系整合变成了“貌合神离”“同床异梦”。机构没有精简，文件没有减少，过程没有优化，认证没有统一，反而增加了工作量。如果政府机构干预过多，甚至插手认证，而且企业又不能在同一个认证机构进行认证，管理体系的一体化是很难实现的。为了管理或经营的需要，企业在完成质量管理体系认证后，积极对环境、职业健康安全、能源和“两化融合”管理进行策划，建立、实施和保持符合标准要求的管理体系，并取得认证是必要的。而一体化的工作应视企业的内部和外部环境，切忌盲目或形式主义，否则就有悖于整合的宗旨。

邢宝魁

2017 年 11 月

目　　录

1

GB/T 19001—2016质量管理体系　要求

本标准是按照 GB/T 1.1—2009 给出的规定起草的。

本标准是 GB/T 19000 族的核心标准之一。

本标准代替 GB/T 19001—2008《质量管理体系　要求》。

本标准与 GB/T 19001—2008 相比，除编制性修改外主要技术变化如下：

（1）采用 ISO/IEC 导则　第 1 部分　ISO 补充规定的附件 SL 中给出的高层结构；

（2）采用基于风险的思维；

（3）更少的规定性要求；

（4）对成文信息的要求更加灵活；

（5）提高了服务行业的适用性；

（6）更加强组织环境；

（7）增强对领导作用的要求；

（8）更加注重实现预期的过程结果以增强顾客满意。

附录 A 给出了相对于 GB/T 19001—2008 的更加详细的变化说明。

1.1 引　　言

采用质量管理体系应当是组织的一项战略性决策。一个健全的质量管理体系可以帮助组织提高其整体绩效，并为可持续发展举措提供基础。

组织基于本国际标准实施质量管理体系的潜在益处为：

(1) 持续提供满足顾客和适用法律法规要求的产品和服务的能力;

(2) 为提高顾客满意度增加机会;

(3) 处理与其背景和目标有关的风险和机会;

(4) 落实符合特定质量管理体系要求的能力。

本国际标准可由内部方和外部方使用。

本国际标准的目的并非暗示以下方面的需求:

(1) 不同质量管理体系的架构的统一;

(2) 文件与本国际标准的条款框架保持一致;

(3) 在组织内部使用本国标准的特定术语。

本国际标准规定的质量管理体系要求是对产品和服务要求的补充。

本国际标准采用过程方法,此方法包含 PDCA 和基于风险的思维。

过程方法能够让组织策划过程和其相互作用。

PDCA 循环能够让组织确保过程得到充分的资源支持和管理,并且确定和执行改进机会。

基于风险的思维能够让组织确定可引起过程和质量管理体系偏离策划结果的因素,以采取预防措施最低限度地减少负面影响并最大限度地利用机会。

持续满足要求和应对未来的需求与期望对于处于日趋变化和复杂的环境中的组织来说是一个挑战。为了达到此目标,除了纠正和持续改进之外,组织可能有必要采用不同形式的改进,例如颠覆性的变更、创新和重组。

在该国际标准中,以下词语经常被使用:

(1)"应"表示要求;

(2)"宜"表示推荐;

(3)"可以"表示允许;

(4)"可能/能够"表示可能性或能力;

(5) 标记为"注"的信息是帮助理解或澄清有关要求的指南。

1.2 范 围

本标准为有下列需求的组织规定了质量管理体系要求:

(1) 需要证实其具有稳定地提供满足顾客要求和适用法律法规要求的产品和服务的能力;

（2）通过体系的有效应用，包括体系持续改进的过程，以及保证符合顾客和适用的法律法规要求，旨在增强顾客满意。

注1：在本标准一中，术语“产品”仅适用于：

（1）预期提供给顾客或顾客所要求的商品和服务；

（2）运行过程所产生的任何预期输出。

注2：法律法规要求可称作为法定要求。

1.3 规范性引用文件、术语和定义

下列文件中的条款通过本标准的引用而构成本标准的条款。凡是注日期的引用文件，只有引用的版本适用。

凡是不注日期的引用文件，其最新版本（包括任何修订）适用于本标准。

本标准采用ISO9000：2016中所确立的术语和定义。

1.4 组织的背景环境

1.4.1 理解组织及其背景环境

组织应确定外部和内部那些与组织的宗旨、战略方向有关、影响质量管理体系实现预期结果的能力的事务。需要时，组织应更新这些信息。在确定这些相关的内部和外部事宜时，组织应考虑以下方面：

（1）可能对组织的目标造成影响的变更和趋势；

（2）与相关方的关系，以及相关方的理念、价值观；

（3）组织管理、战略优先、内部政策和承诺；

（4）资源的获得和优先供给、技术变更。

注1：外部的环境，可以考虑法律、技术、竞争、文化、社会、经济和自然环境方面，不管是国际、国家、地区或本地。

注2：内部环境，可以组织的理念、价值观和文化。

1.4.2 理解相关方的需求和期望

组织应确定：

（1）与质量管理体系有关的相关方；

（2）相关方的要求。

组织应更新以上确定的结果，以便于理解和满足影响顾客要求和顾客满意度的需求和期望。

组织应考虑以下相关方：

（1）直接顾客；

（2）最终使用者；

（3）供应链中的供方、分销商、零售商及其他；

（4）立法机构；

（5）其他。

注：应对当前的和预期的未来需求可导致改进和变革机会的识别。

1.4.3　确定质量管理体系的范围

组织应界定质量管理体系的边界和应用，以确定其范围。

在确定质量管理体系范围时，组织应考虑：

（1）标准 4.1 条款中提到的内部和外部事宜；

（2）标准 4.2 条款的要求。

质量管理体系的范围应描述为组织所包含的产品、服务、主要过程和地点。描述质量管理体系的范围时，对不适用的标准条款，应将质量管理体系的删减及其理由形成文件。

删减应仅限于标准第 7.1.4 和 8 章节，且不影响组织确保产品与服务满足要求和顾客满意的能力及责任。过程外包不是正当的删减理由。

注：外部供应商可以是组织质量管理体系之外的供方或兄弟组织。

质量管理管理体系范围应形成文件。

1.4.4　质量管理体系

1.4.4.1　总则

组织应按本标准的要求建立质量管理体系、过程及其相互作用，加以实施和保持，持续改进。

1.4.4.2　过程方法

组织应将过程方法应用于质量管理体系。组织应：

（1）确定质量管理体系所需的过程及其在整个组织中的应用；

（2）确定每个过程所需的输入和期望的输出；

（3）确定这些过程的顺序和相互作用；

（4）确定产生非预期的输出或过程失效对产品、服务和顾客满意带来的风险；

（5）确定所需的准则、方法、测量及相关的绩效指标，以确保这些过程的有效运行和控制；

（6）确定和提供资源；

（7）规定职责和权限；

（8）实施所需的措施以实现策划的结果；

（9）监测、分析这些过程，必要时变更，以确保过程持续产生期望的结果；

（10）确保持续改进这些过程。

1.5 领导作用

1.5.1 领导作用与承诺

1.5.1.1 针对质量管理体系的领导作用与承诺

最高管理者应通过以下方面证实其对质量管理体系的领导作用与承诺：

（1）确保质量方针和质量目标得到建立，并与组织的战略方向保持一致；

（2）确保质量方针在组织内得到理解和实施；

（3）确保质量管理体系要求纳入组织的业务运作；

（4）提高过程方法的意识；

（5）确保质量管理体系所需资源的获得；

（6）传达有效的质量管理以及满足质量管理体系、产品和服务要求的重要性；

（7）确保质量管理体系实现预期的输出；

（8）吸纳、指导和支持员工参与对质量管理体系的有效性作出贡献；

（9）增强持续改进和创新；

（10）支持其他的管理者在其负责的领域证实其领导作用。

1.5.1.2 针对顾客需求和期望的领导作用与承诺

最高管理者应通过以下方面，证实其针对以顾客为关注焦点的领导作用和承诺：

（1）可能影响产品和服务符合性、顾客满意的风险得到识别和应对；

（2）顾客要求得到确定和满足；

（3）保持以稳定提供满足顾客和相关法规要求的产品和服务为焦点；

（4）保持以增强顾客满意为焦点。

注：本标准中的“业务”可以广泛地理解为对组织存在的目的很重要的活动。

1.5.2 方针

1.5.2.1 制定质量方针

最高管理者应制定、实施和保持质量方针，质量方针应：

（1）适应组织的宗旨和环境并支持其战略方向；

（2）为建立质量目标提供框架；

（3）包括满足适用要求的承诺；

（4）包括持续改进质量管理体系的承诺。

1.5.2.2 沟通质量方针

质量方针应：

（1）可获取并保持成文信息；

（2）在组织内得到沟通、理解和应用；

（3）适宜时，可为有关相关方所获取。

1.5.3 组织内的角色、职责和权限

最高管理者应确保组织内相关角色的职责、权限得到分配、沟通和理解。

最高管理者应分配职责和权限，以：

（1）确保质量管理体系符合本标准的要求；

（2）确保各过程获得其预期输出；

（3）报告质量管理体系的绩效及其改进机会，特别是向最高管理者

报告；

（4）确保在整个组织推动以顾客为关注焦点；

（5）确保在策划和实施质量管理体系变更时保持其完整性。

1.6 策 划

1.6.1 应对风险和机遇的措施

在策划质量管理体系时，组织应考虑到标准中 4.1 节所提及的因素和标准中 4.2 节所提及的要求，并确定需要应对的风险和机遇，以：

（1）确保质量管理体系能够实现其预期结果；

（2）增强有利影响；

（3）预防或减少不利影响；

（4）实现改进。

组织应策划：

（1）应对这些风险和机遇的措施；

（2）如何：

1）在质量管理体系过程中整合并实施这些措施（见标准 4.4 节）；

2）评价这些措施的有效性。

应对措施应与风险和机遇对产品和服务符合性的潜在影响相适应。

注 1：通过信息充分的决策，应对风险可选择规避风险，为寻求机遇承担风险，消除风险源，改变风险的可能性和后果，分担风险或保留风险。

注 2：机遇可能导致采用新实践，推出新产品，开辟新市场，赢得新客户，建立合作伙伴关系，利用新技术和其他可行之处，以应对组织或其顾客的需求。

1.6.2 质量目标及其实现的策划

组织应对相关职能、层次和质量管理体系所需的过程设定质量目标。

质量目标应：

（1）与质量方针保持一致；

（2）可测量；

（3）考虑适用的要求；

（4）与产品和服务合格以及增强顾客满意相关；

（5）予以监视；

（6）予以沟通；

（7）适时更新。

组织应保持有关质量目标的成文信息。

策划如何实现质量目标时，组织应确定：

（1）要做什么；

（2）需要什么资源；

（3）由谁负责；

（4）何时完成；

（5）如何评价结果。

1.6.3 变更的策划

当组织确定需要对质量管理体系进行变更时，变更应按所策划的方式实施（见标准 4.4 节）。

组织应考虑到：

（1）变更目的及其潜在后果；

（2）质量管理体系的完整性；

（3）资源的可获得性；

（4）责任和权限的分配或再分配。

1.7 支 持

1.7.1 资源

1.7.1.1 总则

组织应确定并提供所需的资源，以建立、实施、保持和持续改进质量管理体系，组织应考虑：

（1）现有内部资源的能力和局限；

（2）需要从外部供方获得的资源。

1.7.1.2 人员

组织应确定并提供所需要的人员，以有效实施质量管理体系，并运行和控制其过程。

1.7.1.3 基础设施

组织应确定、提供和维护所需的基础设施，以运行过程，并获得合格产品和服务。

注：基础设施可包括：

（1）建筑物和相关设施；

（2）设备，包括硬件和软件；

（3）运输资源；

（4）信息和通信技术。

1.7.1.4 过程运行环境

组织应确定、提供并维护所需的环境，以运行过程，并获得合格产品和服务。

注：适当的过程运行环境可能是人文因素与物理因素的结合，例如：

（1）社会因素，包括无歧视、和谐稳定、无对抗等；

（2）心理因素，包括减压、预防过度疲劳、保证情绪稳定等；

（3）物理因素，包括温度、热量、湿度、照明、空气流通、卫生、噪声等。

由于所提供的产品和服务不同，这些因素可能存在显著差异。

1.7.1.5 监视和测量资源

A 总则

当利用监视或测量来验证产品和服务是否符合要求时，组织应确定并提供所需的资源，以确保结果有效和可靠。

组织应确保所提供的资源：

（1）适合所开展的监视和测量活动的特定类型；

（2）得到维护，以确保持续适合其用途。

组织应保留适当的成文信息，作为监视和测量资源适合其用途的证据。

B 测量溯源

当要求测量溯源时，或组织认为测量溯源是信任测量结果有效的基础时，测量设备应：

(1) 对照能溯源到国际或国家标准的测量标准，按照规定的时间间隔或在使用前进行校准和（或）检定，当不存在上述标准时，应保留作为校准或验证依据的成文信息；

(2) 予以标识，以确定其状态；

(3) 予以保护，防止由于调整、损坏或衰减所导致的校准状态和随后的测量结果的失效。

当发现测量设备不符合预期用途时，组织应确定以往测量结果的有效性是否受到不利影响，必要时应采取适当的措施。

1.7.1.6 组织的知识

组织应确定必要的知识，以运行过程，并获得合格产品和服务。

这些知识应予以保持，并能在所需的范围内得到。

为应对不断变化的需求和发展趋势，组织应审视现有的知识，确定如何获取或接触更多必要的知识和知识更新。

注1：组织的知识是组织特有的知识，通常从其经验中获得，是以实现组织目标所使用和共享的信息。

注2：组织的知识可以基于：

(1) 内部来源，例如知识产权，从经验获得的知识，从失败和成功项目吸取的经验教训，获取和分享未成文的知识和经验，过程、产品和服务的改进结果等；

(2) 外部来源，例如标准，学术交流，专业会议，从顾客或外部供方收集的知识等。

1.7.2 能力

组织应：

(1) 确定其控制下工作的人员所需具备的能力，这些人员从事的工作影响质量管理体系绩效和有效性；

(2) 基于适当的教育、培训或经验，确保这些人员是胜任的；

(3) 适用时，采取措施以获得所需的能力，并评价措施的有效性；

(4) 保留适当的成文信息，作为人员能力的证据。

注：适当措施可包括对在职人员进行培训、辅导或重新分配工作，或者

聘用、外包胜任的人员。

1.7.3 意识

组织应确保在其控制下工作人员知晓：

（1）质量方针；

（2）相关的质量目标；

（3）他们对质量管理体系有效性的贡献，包括改进质量绩效的益处；

（4）不符合质量管理体系要求的后果。

1.7.4 沟通

组织应确定与质量管理体系相关的内部和外部沟通，包括：

（1）沟通什么；

（2）何时沟通；

（3）与谁沟通；

（4）如何沟通；

（5）由谁沟通。

1.7.5 成文信息

1.7.5.1 总则

组织的质量管理体系应包括：

（1）本标准要求的成文信息；

（2）组织确定的为确保质量管理体系有效性所需的成文信息。

注：对于不同组织，质量管理体系成文信息的多少与详略程度可以不同，取决于：

（1）组织的规模，以及活动、过程、产品和服务的类型；

（2）过程及其相互作用的复杂程序；

（3）人员的能力。

1.7.5.2 创建和更新

在创建和更新成文信息时，组织应确保适当的：

（1）标识和说明（如标题、日期、作者、索引编号）；

（2）形式（如语言、软件版本、图表）和载体（如纸质的、电子的）；

（3）评审和批准，以确保适宜性和充分性。

1.7.5.3 成文信息的控制

应控制质量管理体系和本标准所要求的成文信息，以确保：

（1）在需求的场合和时机，均可获得并适用；

（2）予以妥善保护（如防止泄密、不当使用或缺失）。

为控制成文信息，适用时组织应进行下列活动：

（1）分发、访问、检索和使用；

（2）存储和防护，包括保持可读性；

（3）变更控制（如版本控制）；

（4）保留和处置。

对于组织确定的策划和运行质量管理体系所必需的来自外部的成文信息，组织应进行适当识别，并予以控制。

对所保留的、作为符合性证据的成文信息应予以保护，防止非预期的更改。

注：对成为信息的“访问”可能意味着仅允许查阅，或者意味着允许查阅并授权修改。

1.8 运 行

1.8.1 运行策划和控制

为满足产品和服务提供的要求，并实施标准第 6 章所确定的措施，组织应通过以下措施对所需的过程（见标准 4.4 节）进行策划、实施和控制：

（1）确定产品和服务的要求。

（2）建立下列内容的准则：

1）过程；

2）产品和服务的接收。

（3）确定所需的资源，以使产品和服务符合要求。

（4）按照准则实施过程控制。

（5）在必要的范围和程度上，确定并保持、保留成文信息，以：

1）确信过程已经按策划进行；

2）证明产品和服务符合要求。

策划的输出应适于组织的运行。

组织应控制策划的变更，评审非预期变更的后果，必要时采取措施减轻不利影响。

组织应确保外包过程受控（见标准 8.4 节）。

1.8.2 产品和服务的要求

1.8.2.1 顾客沟通

与顾客沟通的内容应包括：

（1）提供有关产品和服务的信息；

（2）处理问询、合同或订单，包括更改；

（3）获取有关产品和服务的顾客反馈，包括顾客投诉；

（4）处置或控制顾客财产；

（5）关系重大时，制定应急措施的特定要求。

1.8.2.2 与产品和服务要求的确定

在确定向顾客提供的产品和服务的要求时，组织应确保：

（1）产品和服务的要求得到规定，包括：

1）适用的法律法规要求；

2）组织认为的必要要求。

（2）提供的产品和服务能够满足所声明的要求。

1.8.2.3 产品和服务要求的评审

组织应确保有能力向顾客提供满足要求的产品和服务。在承诺向顾客提供产品和服务之前，组织应对如下各项要求进行评审：

（1）顾客规定的要求，包括对交付及交付后活动的要求；

（2）顾客虽然没有明示，但规定的用途或已知的预期用途所必需的要求；

（3）组织规定的要求；

（4）适用于产品和服务的法律法规要求；

（5）与以前表述不一致的合同或订单要求。

组织应确保与以前规定不一致的合同或订单要求已得到解决。若顾客没有提供成文的要求，组织在接受顾客要求前应对顾客要求进行确认。

注：在某些情况下，如网上销售，对每一个订单进行正式的评审可能是不实际的，作为替代方法，可评审有关的产品信息，如产品目录。

适用时，组织应保留与下列方面有关的成文信息：

(1) 评审结果；

(2) 产品和服务的新要求。

1.8.2.4 产品和服务要求的更改

若产品和服务要求发生更改，组织应确保相关的成文信息得到修改，并确保相关人员知道已更改的要求。

1.8.3 产品和服务的设计与开发

1.8.3.1 总则

组织应建立、实施和保持适当的设计和开发过程，以确保后续的产品和服务的提供。

1.8.3.2 设计和开发策划

在确定设计和开发的各个阶段及控制时，组织应考虑：

(1) 设计和开发活动的性质、持续时间和复杂程度；

(2) 所需的过程阶段，包括适用的设计和开发评审；

(3) 所需的设计和开发验证及确认活动；

(4) 设计和开发过程涉及的职责和权限；

(5) 产品和服务的设计和开发所需的内部与外部资源；

(6) 设计和开发过程参与人员之间接口的控制需求；

(7) 顾客和使用者参与设计和开发过程的需求；

(8) 对后续产品和服务提供的要求；

(9) 顾客和其他相关方期望的设计和开发过程的控制水平；

(10) 证实已经满足设计和开发要求所需的成文信息。

1.8.3.3 设计和开发输入

组织应针对所设计和开发的具体类型的产品和服务，确定必需的要求。要求应考虑：

(1) 功能和性能要求；

（2）来源于以前类似设计和开发活动的信息；

（3）法律法规要求；

（4）组织承诺实施的标准或行业规范；

（5）由产品和服务性质所导致的潜在失效后果。

针对设计和开发的目的，输入应是充分和适宜的，且应完整、清楚。

相互矛盾的设计和开发输入应得到解决。

组织应保留有关设计和开发输入的成文信息。

1.8.3.4 设计和开发控制

组织应对设计和开发过程进行控制，以确保：

（1）规定拟获得的结果；

（2）实施评审活动，以评价设计和开发的结果满足要求的能力；

（3）实施验证活动，以确保设计和开发输出满足输入的要求；

（4）实施确认活动，以确保产品和服务能够满足规定的使用要求或预期用途；

（5）针对评审、验证和确认过程中确定的问题采取必要措施；

（6）保留这些活动的成文信息。

注：设计和开发的评审、验证和确认具有不同目的。根据组织的产品和服务的具体情况，可单独或以任意组合的方式进行。

1.8.3.5 设计和开发输出

组织应确保设计和开发输出：

（1）满足输入的要求；

（2）满足后续产品和服务提供过程的需要；

（3）包括或引用监视和测量的要求，适当时包括接收准则；

（4）规定产品和服务特性，这些特性对于预期目的、安全和正常提供是必需的。

组织应保留有关设计和开发输出的成文信息。

1.8.3.6 设计和开发更改

组织应对产品和服务设计与开发期间以及后续所做的更改进行适当的识别、评审和控制，以确保这些更改对满足要求不会产生不利影响。

组织应保留下列方面的成文信息：

（1）设计和开发更改；

（2）评审的结果；

（3）更改的授权；

（4）为防止不利影响而采取的措施。

1.8.4 外部提供的过程、产品和服务的控制

1.8.4.1 总则

组织应确保外部提供的过程、产品和服务符合要求。

在下列情况下，组织应确定对外部提供的过程、产品和服务实施的控制：

（1）外部供方的产品和服务将构成组织自身的产品和服务的一部分；

（2）外部供方代表组织直接将产品和服务提供给顾客；

（3）组织决定由外部供方提供过程或部分过程。

组织应基于外部供方按照要求提供过程、产品或服务的能力，确定并实施外部供方的评价、选择、绩效监视以及再评价的准则。对于这些活动和由评价引发的任何必要的措施，组织应保留成文信息。

1.8.4.2 控制类型和程度

组织应确保外部提供的过程、产品和服务不会对组织稳定地向顾客交付合格产品和服务的能力产生不利影响。

组织应：

（1）确保外部提供的过程保持在其质量管理体系的控制之中。

（2）规定对外部供方的控制及其输出结果的控制。

（3）考虑：

1）外部提供的过程、产品和服务对组织稳定地满足顾客要求和适用的法律法规要求的能力的潜在影响；

2）外部供方实施控制的有效性。

（4）确定必要的验证或其他活动，以确保外部提供的过程、产品和服务满足要求。

1.8.4.3 提供给外部供方的信息

组织应确保在与外部供方沟通之前所确定的要求是充分和适宜的。

组织应与外部供方沟通以下要求：

（1）需提供的过程、产品和服务。

（2）对下列内容的批准：

1）产品和服务；

2）方法、过程和设备；

3）产品和服务的放行。

（3）能力，包括所要求的人员资格。

（4）外部供方与组织的互动。

（5）组织使用的对外部供方绩效的控制和监视。

（6）组织或其顾客拟在外部供方现场实施的验证或确认活动。

1.8.5 生产和服务提供

1.8.5.1 生产和服务提供的控制

组织应在受控条件下进行生产和服务提供。

适用时，受控条件应包括：

（1）可获得成文信息，以规定以下内容：

1）拟生产的产品、提供的服务或进行的活动的特征；

2）拟获得的结果。

（2）可获得和使用适宜的监视和测量资源。

（3）在适当阶段实施监视和测量活动，以验证是否符合过程或输出的控制准则以及产品和服务的接收准则。

（4）为过程的运行使用适宜的基础设施，并保持适宜的环境。

（5）配备胜任的人员，包括所要求的资格。

（6）若输出结果不能由后续的监视或测量加以验证，应对生产和服务提供过程实现策划结果的能力进行确认，并定期再确认。

（7）采取措施防止人为错误。

（8）实施放行、交付和交付后活动。

1.8.5.2 标识和可追溯性

需要时，组织应采用适当的方法识别输出，以确保产品和服务合格。

组织应在生产和服务提供的整个过程中按照监视和测量要求识别输出状态。

当有可溯要求时，组织应控制输出的唯一性标识，并应保留所需的成文信息以实现可追溯。

1.8.5.3　顾客或外部供方的财产

组织应爱护在组织控制下或组织使用的顾客或外部供方的财产。

对组织使用的或构成产品和服务一部分的顾客和外部供方财产，组织应予以识别、验证、保护和防护。

若顾客或外部供方的财产发生丢失、损坏或发现不适用情况，组织应向顾客或外部供方报告，并保留所发生情况的成文信息。

注：顾客或外部供方的财产可能包括材料、零部件、工具和设备，顾客的场所，知识产权和个人资料。

1.8.5.4　防护

组织应在生产和服务提供期间对输出进行必要的防护，以确保符合要求。

注：防护可包括标识、处置、污染控制、包装、储存、传输或运输以及保护。

1.8.5.5　交付后的活动

组织应满足与产品和服务相关的交付后活动的要求。

在确定所要求的交付后活动的覆盖范围和程度时，组织应考虑：

(1) 法律法规要求；

(2) 与产品和服务相关的潜在不良的后果；

(3) 产品和服务的性质、使用和预期寿命；

(4) 顾客要求；

(5) 顾客反馈。

注：交付后活动可包括保证条款所规定的措施、合同义务（如维护服务等）、附加服务（如回收或最终处置等）。

1.8.5.6　更改控制

组织应对生产或服务提供的更改进行必要的评审和控制，以确保持续地符合要求。

组织应保留成文信息，包括有关更改评审的结果、授权进行更改的人员以及根据评审所采取的必要措施。

1.8.6 产品和服务

组织应在适当阶段实施策划的安排，以验证产品和服务的要求已得到满足。

除非得到有关授权人员的批准，适用时得到顾客的批准，否则在策划的安排已圆满完成之前，不应向顾客放行产品和交付服务。

组织应保留有关产品和服务放行的成文信息。成文信息应包括：

（1）符合接收准则的证据；

（2）可追溯到授权放行人员的信息。

1.8.7 不合格输出的控制

组织应确保对不符合要求的输出进行识别和控制，以防止非预期的使用或交付。

组织应根据不合格的性质及其对产品和服务符合性的影响采取适当措施。这也适用于在产品交付之后，以及在服务提供期间或之后发现的不合格产品和服务。

组织应通过下列一种或几种途径处置不合格输出：

（1）纠正；

（2）隔离、限制、退货或暂停对产品和服务的提供；

（3）告知顾客；

（4）获得让步接收的授权。

对不合格输出进行纠正之后应验证其是否符合要求。

组织应保留下列成文信息：

（1）描述不合格；

（2）描述所采取的措施；

（3）描述获得的让步；

（4）识别处置不合格的授权。

1.9 绩效评价

1.9.1 监视、测量、分析和评价

1.9.1.1 总则

组织应确定：

(1) 需要监视和测量什么；

(2) 需要用什么方法进行监视、测量、分析和评价，以确保结果有效；

(3) 何时实施监视和测量；

(4) 何时对监视和测量的结果进行分析和评价。

组织应评价质量管理体系的绩效和有效性。

组织应保留适当的成文信息，以作为结果的证据。

1.9.1.2 顾客满意

组织应监视顾客对其需求和期望已得到满足的程度的感受。组织应确定获取、监视和评审该信息的方法。

注：监视顾客感受的例子可包括顾客调查、顾客对交付产品或服务的反馈、顾客座谈、市场占有率分析、顾客赞扬、担保索赔和经销商报告。

1.9.1.3 分析与评价

组织应分析与评价通过监视和测量获得的适当的数据和信息。

应利用分析结果评价：

(1) 产品和服务的符合性；

(2) 顾客满意程度；

(3) 质量管理体系的绩效和有效性；

(4) 策划是否得到有效实施；

(5) 应对风险和机遇所采取措施的有效性；

(6) 外部供方的绩效；

(7) 质量管理体系改进的需求。

注：数据分析方法可包括统计技术。

1.9.2 内部审核

组织应按照策划的时间间隔进行内部审核，以提供有关质量管理体系的下列信息：

(1) 是否符合：

1) 组织自身的质量管理体系要求；

2) 本标准的要求。

(2) 是否得到有效的实施和保持。

组织应：

（1）依据有关过程的重要性、对组织产生影响的变化和以往的审核结果，策划、制定、实施和保持审核方案，审核方案包括频次、方法、职责、策划要求和报告；

（2）规定每次审核的审核准则和范围；

（3）选择审核员并实施审核，以确保审核过程客观公正；

（4）确保将审核结果报告给相关管理者；

（5）及时采取适当的纠正和纠正措施；

（6）保留成文信息，作为实施审核方案以及审核结果的证据。

注：相关指南参见 GB/T 19011。

1.9.3 管理评审

1.9.3.1 总则

最高管理者应按照策划的时间间隔对组织的质量管理体系进行评审，以确保其持续的适宜性、充分性和有效性，并与组织的战略方向一致。

1.9.3.2 管理评审输入

策划和实施管理评审时应考虑下列内容：

（1）以往管理评审所采取措施的情况。

（2）与质量管理体系相关的内外部因素的变化。

（3）下列有关质量管理体系绩效和有效性的信息，包括其趋势：

1）顾客满意和有关相关方的反馈；

2）质量目标的实现程度；

3）过程绩效以及产品和服务的合格情况；

4）不合格及纠正措施；

5）监视和测量结果；

6）审核结果；

7）外部供方的绩效。

（4）资源的充分性。

（5）应对风险和机遇所采取措施的有效性（见标准 6.1 节）。

（6）改进的机会。

1.9.3.3 管理评审输出

管理评审的输出应包括与下列事项相关的决定和措施：

（1）改进的机会；

（2）质量管理体系所需的变更；

（3）资源需求。

1.10　改　　进

1.10.1　总则

组织应确定和选择改进机会，并采取必要措施，以满足顾客要求和增强顾客满意。

这应包括：

（1）改进产品和服务，以满足要求并应对未来的需求和期望；

（2）纠正、预防或减少不利影响；

（3）改进质量管理体系的绩效和有效性。

注：改进的例子可包括纠正、纠正措施、持续改进、突破性变革、创新和重组。

组织应保留成文信息，作为管理评审结果的证据。

1.10.2　不合格和纠正措施

当出现不合格时，包括来自投诉的不合格，组织应：

（1）对不合格做出应对，并在适用时：

1）采取措施以控制和纠正不合格；

2）处置后果。

（2）通过下列活动，评价是否需要采取措施，以消除产生不合格的原因，避免其再次发生或者在其他场合发生：

1）评审和分析不合格；

2）确定不合格的原因；

3）确定是否存在或可能发生类似的不合格。

（3）实施所需的措施。

（4）评审所采取的纠正措施的有效性。

（5）需要时，更新策划期间确定的风险和机遇。

（6）需要时，变更质量管理体系。

纠正措施应与不合格所产生的影响相适应。

组织应保留成文信息，作为下列事项的证据：

（1）不合格的性质以及随后所采取的措施；

（2）纠正措施的结果。

1.10.3 持续改进

组织应持续改进质量管理体系的适宜性、充分性和有效性。

组织应考虑分析和评价的结果以及管理评审输出，以确定是否存在需求和机遇，这些需求或机遇应作为持续改进的一部分加以应对。

2

中国钢铁工业存在的问题和发展方向

为了对钢铁企业进行质量管理体系认证，应对钢铁工业存在的问题和发展有所了解。钢铁工业是指生产生铁、钢、钢材、纯铁和铁合金的工业，是所有工业的基础工业。经济和科学技术的发展，对钢铁增长需求，对钢材质量的要求也越来越严格。

2.1 中国主要的钢铁企业

中国主要的钢铁企业有：

(1) 上海市主要有宝钢集团公司。

(2) 北京市主要有首钢总公司（集团）、中国钢研科技集团有限公司和安泰科技股份有限公司。

(3) 辽宁省主要有鞍山钢铁集团公司、本溪钢铁（集团）有限责任公司、北台钢铁（集团）有限公司、东北特殊钢集团有限责任公司、凌源钢铁集团有限责任公司、鞍山宝得钢铁有限公司和抚顺新抚钢有限责任公司。

(4) 吉林省主要有通化钢铁股份有限公司和吉林市建龙钢铁有限责任公司。

(5) 黑龙江省主要有北满特殊钢集团、西林钢铁集团有限公司和黑龙江建龙钢铁有限公司。

(6) 天津市主要有天津天铁冶金集团有限公司、天津钢管集团有限公司、天津天钢集团有限公司、天津荣程联合钢铁集团有限公司和天津市恒兴钢业有限公司。

(7) 河北省主要有邯郸钢铁集团有限责任公司、唐山钢铁集团有限责任公司、唐山国丰钢铁有限公司、宣化钢铁集团有限责任公司、河北津西钢铁股份有限公司、新兴铸管股份有限公司、承德钢铁集团有限公司、邢台钢铁有限责任公司、唐山建龙实业有限公司、唐山港陆钢铁有限公司、邢台德龙钢铁实业有限公司、河北唐山半壁店钢铁集团公司、河北滦河实业集团有限公司、河北普阳钢铁有限公司、衡水京华制管有限公司、河北文丰钢铁有限公司、河北东升集团有限公司、河北新金钢铁有限公司、唐山贝氏体钢总厂、唐山松汀钢铁有限公司、承德建龙钢铁有限公司、滦南县华瑞钢铁有限公司和唐山春兴不锈钢有限公司。

(8) 河南省主要有安钢集团信阳钢铁有限责任公司、河南安阳永兴钢铁有限责任公司、舞阳钢铁有限责任公司、河南济源钢铁集团有限公司和河南朝阳钢铁有限公司。

(9) 山东省主要有莱芜钢铁集团、济南钢铁集团总公司、青岛钢铁控股集团有限责任公司、日照钢铁控股集团有限公司、山东石横特钢集团有限公司、张店钢铁总厂、山东泰山钢铁集团、山东省寿光巨能特钢有限公司、潍坊钢铁集团公司、烟台鲁宝钢管有限责任公司、山东西王特钢有限公司和山东恒通钢板有限公司。

(10) 山西省主要有太原钢铁（集团）有限公司、山西海鑫钢铁集团有限公司、长治钢铁集团有限公司、山西宇晋钢铁有限公司和山西中阳钢厂。

(11) 江苏省主要有江苏沙钢集团有限公司、南京钢铁集团有限公司、江苏永钢集团有限公司、江阴兴澄特种钢铁有限公司、上海梅山钢铁股份有限公司、南京钢铁集团江苏淮钢有限公司、江阴市西城钢铁有限公司、江苏苏钢集团有限公司、无锡锡兴钢铁股份有限公司、江苏铁本钢铁有限公司、江苏锡钢集团有限公司、徐州钢铁总厂和中天钢铁集团有限公司。

(12) 浙江省主要有杭州钢铁集团公司、宁波钢铁有限公司、宁波宝新不锈钢有限公司、青山钢铁有限公司、浙江胜达钢铁有限公司、浙江长宏钢铁有限公司和浙江东昌钢铁有限公司。

(13) 安徽省主要有马鞍山钢铁股份有限公司、合肥钢铁集团有限公司和芜湖新兴铸管有限责任公司。

(14) 四川省主要有攀枝花钢铁（集团）公司、攀钢集团成都钢铁有限责任公司、西昌新钢业有限责任公司、攀钢集团钢城企业总公司、攀钢集团四川长城特殊钢有限责任公司和四川省达州钢铁集团有限责任公司。

(15) 重庆市主要有重庆钢铁集团有限责任公司。

(16) 湖北省主要有武汉钢铁（集团）公司、湖北新冶钢有限公司和湖北鄂钢股份有限公司。

(17) 湖南省主要有涟源钢铁集团有限公司、湘潭钢铁集团有限公司、衡阳钢管集团有限公司、冷水江钢铁总厂和湖南华菱钢铁集团有限责任公司。

(18) 江西省主要有新余钢铁有限责任公司、萍乡钢铁有限责任公司、南昌钢铁有限责任公司和九江市钢铁集团有限公司。

(19) 广东省主要有广东省韶关钢铁集团有限公司、广州钢铁股份有限公司和粤裕丰钢铁有限公司。

(20) 广西主要有广西柳州钢铁集团公司和广西盛隆冶金有限公司。

(21) 福建省主要有福建省三钢（集团）有限责任公司、福建三安钢铁有限公司、福建鑫海冶金有限公司、福建亿鑫钢铁有限公司和福建三宝钢铁有限公司。

(22) 内蒙古主要有包钢集团。

(23) 陕西省主要有陕西龙门钢铁（集团）有限责任公司和陕西汉中钢铁有限公司。

(24) 甘肃省主要有酒泉钢铁（集团）有限责任公司和兰州钢铁集团公司。

(25) 青海省主要有西宁特殊钢股份有限公司。

(26) 云南省主要有楚雄钢铁有限公司和昆明钢铁有限公司。

(27) 贵州省主要有水城钢铁（集团）有限责任公司和贵阳钢厂。

(28) 新疆主要有新疆八一钢铁集团有限责任公司。

在中国的钢铁企业中有以下 10 个大型钢铁企业：

(1) 上海宝钢集团公司。

(2) 辽宁鞍山钢铁集团公司。

(3) 北京首钢总公司。

(4) 湖北武汉钢铁（集团）公司。

(5) 四川攀枝花钢铁（集团）公司。

(6) 河北邯郸钢铁集团有限责任公司。

(7) 江苏沙钢集团有限公司。

(8) 河北唐山钢铁集团有限责任公司。

(9) 山东莱芜钢铁集团有限公司。

(10) 山东济南钢铁集团有限公司。

宝钢集团和武汉钢铁集团合并后成立“宝武钢铁集团”新企业，总资产将超过7000亿元，预计年产能将达到6000万吨，产能规模仅次于世界第一钢铁企业安赛乐米塔尔（年产能约1亿吨），成为世界第二大钢铁企业。

除了重组的宝钢集团和武钢集团外，还在准备首钢集团和河钢集团的合并，宝钢和广东钢铁企业，武钢和云南、广西钢铁企业，首钢和吉林、贵州、山西等地钢铁企业也在准备兼并重组。

2.2 中国主要的特殊钢企业

中国主要的特殊钢企业有：

(1) 宝钢特钢有限公司。

(2) 中信泰富特钢集团有限公司。

(3) 山西太钢不锈钢股份有限公司。

(4) 东北特殊钢集团有限责任公司。

(5) 西宁特殊钢股份有限公司。

(6) 中原特钢股份有限公司（位于河南省济源市）。

(7) 江苏沙钢集团有限公司。

(8) 河北钢铁集团石家庄钢铁有限责任公司。

(9) 南京钢铁联合有限公司。

(10) 河冶科技股份有限公司（位于河北省石家庄市）。

(11) 江苏苏钢集团有限公司。

(12) 郑州永通特钢有限公司。

(13) 中天钢铁集团有限公司（位于江苏省常州市）。

(14) 江苏沙钢集团淮钢特钢股份有限公司。

2.3 主要生产的产品

主要生产的产品有：

（1）不锈钢、轴承钢、结构钢、弹簧钢、齿轮钢、工具钢、模具钢、合金钢、精密合金等。

（2）板材、管材、棒材、线材（盘条）、钢丝、钢带。

（3）高附加值特殊钢制品及特殊钢深加工精品。

2.4　生产设备

生产设备主要有：

（1）电弧炉、精炼炉、电渣炉、感应炉、自耗炉、重熔炉、加热炉等。

（2）连轧机、连铸机、锻锤、锻压机等。

（3）精整线、酸洗线、表面处理设备等。

2.5　辅助设备和材料

辅助设备和材料有：

（1）自动化控制系统（测量设备及技术等）。

（2）金属回收设备、环保技术及设备、制氧设备、耐火材料。

（3）稀有金属（钼、镍、铬、钒、钛、钨等）。

（4）炉料（废钢、矿石、石墨、焦炭、炭素材料等）。

2.6　钢铁工业生产方式

2.6.1　炼焦

炼焦产品主要是焦炭，90%以上用于高炉炼铁，焦炭也可作为制备水煤气的原料制取合成用的原料气。目前，中国焦化行业除生产高炉炼铁用的冶金焦外，也生产机械铸造用铸造焦。另外，煤焦油也是炼焦生产的重要产品。

冶金焦包括高炉焦、铸造焦、铁合金焦和有色金属冶炼用焦。

冶金焦主要用于高炉炼铁，用于高炉炼铁的焦炭约占全部焦炭的90%以上，所以也把高炉焦称为冶金焦。

铸造焦是化铁炉熔铁用的主要燃料。铸造焦具有块度大、反应性低、气孔率小、抗冲击破碎强度高、灰分和硫分低等特点。

铁合金焦是矿热炉冶炼铁合金用的一种焦炭。

有色金属冶炼用焦用于铜、铅、锌、钛、锑、汞等有色金属的鼓风炉冶炼，具有还原剂、发热剂和料柱骨架作用。

2.6.2 烧结

烧结就是在粉状铁料中配入适当数量的熔剂和燃料，通过燃烧把烧结料颗粒黏结起来，冷却后形成多孔形块矿。主要工序包括烧结料的准备、配料与混合、烧结和产品处理等。现在除了烧结主工艺过程以外，还有有效地保持环境的水处理。

高炉炼铁前，将各种含铁原料加入适量水和配入适量燃料，在混料和造球后在烧结机进行烧结，也就是说，烧结过程主要包括烧结料的准备，配料与混合，配入适量的燃料、熔剂和水，经混合和造球，再在烧结设备上进行烧结成块。

2.6.3 球团

球团是将精矿粉、熔剂的混合物，在造球机中形成球团，然后干燥、焙烧、成型，成为具有含铁的钢铁冶炼原料，也是人造富矿的一种方式。

球团与烧结同样是为钢铁冶炼提供铁矿的工艺。球团的主要工序包括原料准备、配料、混合、造球、干燥和焙烧、冷却、成品和返矿处理等工序。

球团和烧结都是粉矿造块的方法，均可以提高高炉冶炼的效果，但是，球团矿仍然不能代替烧结矿，应根据技术可行和效益合理的原则进行选择和确定。

2.6.4 高炉

高炉是生产炼铁用的主要设备，并向大型化、自动化和高效率的方向发展。20 世纪 70 年代中期高炉已经形成大型化，在操作技术上，通过改善入炉原料质量，提高热风温度和炉顶压力，采用喷吹技术，回收利用二次能源，达到高产、优质、低耗的效果。具体措施包括通过筛分、粒度均匀的球团矿和烧结矿，喷吹碳氢化物代替一部分焦炭。另外也进行高压操作，改进耐火材料和冷却系统，并采用高风温、大喷吹和富氧鼓风等措施。

降低能源消耗、改进原料条件、高炉大型化、综合鼓风技术、回收利用二次能源和高炉生产实现智能化控制，均属于高炉炼铁技术的发展方向。

2.6.5　转炉炼钢

在炼钢生产中，以氧气顶吹转炉炼钢为主。氧气顶吹转炉炼钢把具有一定成分的铁水冶炼成钢水。氧气顶吹转炉炼钢的基本任务是氧化铁水中的碳、磷、硅和锰等元素；利用炉渣，消除铁水中的磷和硫；依靠氧化铁水中的硅、锰、碳和磷等加热钢水；另外加入铁合金进行脱氧。氧气顶吹转炉的容量不断扩大，大于200t的转炉成为主体。转炉炼钢过程能耗很低，有些转炉还实现了“零能”或“负能”炼钢过程，并有一些转炉实现了全自动化炼钢。

2.6.6　电炉炼钢

电炉炼钢主要是依靠电极与炉料之间形成电弧，产生热量进行炼钢。用电弧炉炼钢是生产特殊钢的主要方法。电弧炉炼钢有酸性和碱性两种，酸性电弧炉因为受炉料严重限制，所以很少使用，通常利用碱性电弧炉。电炉炼钢主要是用电弧熔化废钢使钢水过热，热效率比较高；电炉炼钢的温度比较高，可以满足冶炼不同钢种的要求。电弧炉包括等离子电弧炉、直电弧炉和连续装料电炉。

2.6.7　连铸

连铸是将钢水连续注入水冷结晶器，直接连续铸成各种断面形状的钢坯。与通常钢锭浇铸相比，连铸简化了钢坯生产的工艺流程，节约大量投资，金属收得率高，节约能源，提高质量，改善劳动条件，并具有机械化、自动化等优点，有助于改善铸坯质量和扩大品种。连铸机有立式、立弯式、弧形、椭圆形和水平连铸机。目前生产的最大方坯为450mm×450mm。

2.6.8　轧钢

轧钢是在旋转的轧辊间对钢锭或钢坯进行压力加工的过程。钢坯只是半成品，通过轧钢以后，才能成为合格的产品。轧钢有热轧、冷轧、纵轧、横轧和斜轧等轧制方法。

(1) 热轧：连铸坯或钢坯首先进入加热炉，然后经过初轧机反复轧制，之后进入精轧机。

(2) 冷轧：热轧后，钢卷经过连续技术处理，用盐酸除去氧化膜，再送到冷轧机组。

(3) 纵轧：纵轧的两个轧辊旋转方向相反，轧件的纵轴线与轧辊轴线垂直，一般的初轧、板带材轧制、型材轧制和线材轧制等都是纵轧。

(4) 横轧：横轧是轧件在旋转方向相同的轧辊间进行轧制，只在径向受压力加工的一种轧制方法。

(5) 斜轧：斜轧是处于纵轧和横轧之间的一种轧制方式。斜轧主要用于管材的穿孔轧制和钢球的周期断面轧制。

2.7 钢铁产品的主要类型

钢铁行业的主要产品类型有型材、板材、带材和管材等四大类。

2.7.1 型材

型材分为普通型钢和优质型钢。

普通型钢又分为大型型钢、中型型钢和小型型钢。

(1) 大型型钢：大型型钢有工字钢、槽钢、角钢、扁钢，都是热轧的，圆钢、方钢、六角钢除热轧外，还有锻制、冷拉等。

(2) 中型型钢：中型型钢有工、槽、角、圆、扁钢，用途与大型型钢相似。

(3) 小型型钢：小型型钢有角、圆、方、扁钢，加工和用途与大型型钢相似，小直径圆钢常用作建筑钢筋。

优质型材是由优质钢加工制成的型材，包括热轧（锻）优质型材、冷拉（拔）优质型材和其他品种。

热轧（锻）优质型材包括碳素结构钢、碳素工具钢、合金结构钢、弹簧钢、不锈钢、轴承钢、合金工具钢、模具钢、高速工具钢等品种。

冷拉（拔）优质型材包括碳素结构钢、碳素工具钢、合金结构钢、弹簧钢、不锈钢、轴承钢、合金工具钢、高速工具钢、易切钢、冷镦钢、S/5A 等军工用料等品种。

2.7.2　板材

板材按厚度分有薄板（厚度为 0.2 ~ 4.0mm）、中板（厚度为≥20mm）、厚板（厚度为 60mm）和特厚板（厚度为≥60mm）；按生产方法分有热轧钢板和冷轧钢板；按表面特征分有镀锌板（热镀锌板、电镀锌板）、镀锡板、复合钢板和彩色涂层钢板；按用途分有桥梁钢板、锅炉钢板、造船钢板、装甲钢板、汽车钢板、屋面钢板、结构钢板、电工钢板（硅钢片）、弹簧钢板及其他。

2.7.3　带材

带材是由热轧方法或者冷轧方法生产的一种窄而长的钢板，宽度在 1300mm 以内，长度根据每卷的大小略有不同。宽度大于 600mm 者称为宽带材，小于 600mm 的带材称为窄带材。带材厚度可薄至 0.001mm。带钢按所用材质分为普通带钢和优质带钢；按加工方法分为热轧带钢和冷轧带钢。热轧的带材厚度较大，冷轧可以生产表面质量好、尺寸精确、力学性能高的更薄规格的带材。

2.7.4　钢管

钢管是一种中空断面、长度尺寸大于断面尺寸的钢材。最常见的钢管断面形状一般是圆形，但是也有异型钢管。按生产方法钢管可分为无缝钢管和有缝钢管，另外也分为无缝钢管和焊接钢管。钢管的材质有普通碳素钢管、碳素结构钢管、合金结构钢管、合金钢管、轴承钢管、不锈钢管和双金属管等。钢管主要用于石油工业、化学工业、建筑工业、机械工业和军事工业等。

2.8　钢铁产品的主要品种

2.8.1　碳素结构钢

碳素结构钢是碳素钢的一种。碳含量 0.05% ~ 0.70%。碳素结构钢又分普通碳素结构钢和优质碳素结构钢，主要用于铁道、桥梁和各类建筑工程。

（1）普通碳素结构钢：普通碳素结构钢对碳含量、性能范围以及磷、硫和其他残余元素含量的限制较宽。普通碳素结构钢分为三类：甲类钢（A 类钢）是保证力学性能的钢；乙类钢（B 类钢）是保证化学成分的钢；特类钢（C 类钢）是既保证力学性能又保证化学成分的钢。

根据一些特殊性能要求，对普通碳素结构钢的成分可以稍加调整而形成一系列专业用钢，例如铆螺钢、桥梁钢、压力容器钢、船体钢、锅炉钢。专业用钢除严格控制化学成分、保证常规性能外，还规定某些特殊检验项目，如低温冲击韧性、时效敏感性、钢中气体、夹杂和断口等。

（2）优质碳素结构钢：优质碳素结构钢的碳含量小于 0.8%，含硫、磷及非金属夹杂物也比普通碳素结构钢少，力学性能也比较好。

根据碳含量的高低，优质碳素结构钢又可分为：低碳钢、中碳钢和高碳钢。

优质碳素结构钢产量比较大，用途比较广，一般加工成圆、方、扁等型材、板材和无缝钢管。主要用于制造一般结构及机械结构零、部件。

2.8.2 低合金钢

低合金钢包括有低合金高强度结构钢、低合金耐候钢、低合金钢筋钢、铁道用低合金钢和矿用低合金钢。

（1）低合金高强度结构钢：低合金结构钢是在普通钢中加入微量合金元素，但硫、磷杂质的含量保持在普通钢的水平，而具有较好的综合力学性能。主要用于锅炉气包、压力容器、压力管道、桥梁、重轨和轻轨等制造。

（2）低合金耐候钢：低合金耐候钢分高耐候结构钢和焊接结构用耐候钢。

高耐候结构钢主要包括用于车辆、建筑、塔架和其他结构用的钢板和型钢。

焊接结构用耐候钢主要包括用于桥梁、建筑和其他结构件用具有耐候性能的热轧钢板和型钢。

（3）低合金钢筋钢：合金元素总含量小于 3.5%的合金钢叫做低合金钢，包括热轧光圆钢筋、热轧带肋钢筋和钢筋焊接网。主要的钢号有 20MnSi、25MnSi、20MnNb、20MnSiV、20MnTi、45Si2MnV、45SiMnV 和 45SiMnV 等。

（4）低合金钢轨钢：U71Cu、U71Mn、U79MnSi、U71MnSiCu、45SiMnP、50SiMnP 等铁道重轨和轻轨用钢均属低合金钢轨钢。

（5）矿用低合金钢：16MnK、20MnK、25Mnk、20MnVK、25MnVK 等是矿机设备和支护用低合金型钢。对矿用低合金钢除要求保证规定的强度性能外，还应具有较好的耐磨性。钢中碳含量比较高，焊接性能相对差一些。

2.8.3　合金结构钢

合金结构钢一般分为调质结构钢和表面硬化结构钢。合金结构钢广泛用于船舶、车辆、飞机、导弹、兵器、铁路、桥梁、压力容器、机床等结构上。

（1）调质结构钢：调质结构钢的碳含量一般为 0.25%～0.55%。包括有 40Cr、35SiMn、40CrNiMo 和 30CrNi2MoV。

（2）表面硬化结构钢：表面硬化结构钢中碳含量应低，一般在 0.12%～0.25%，以保证适宜的淬透性；还应具有适量的合金元素。

2.8.4　非调质机械结构钢

非调质机械结构钢是建筑结构用的低碳钢和低碳低合金钢，而利用控冷技术可形成低碳微合金化高强度低合金钢和中碳微合金化非调质钢。

非调质钢主要用于汽车发动机、拖拉机发动机、空压机连杆、机床零件、轴类零件等。

2.8.5　易切削钢

易切削钢含有易切削元素，包括硫易切削钢、铅易切削钢、钙易切削钢和硒、碲、铋易切削钢。易切削钢主要用于制作对尺寸精度和光洁度要求严格的仪器仪表、手表零件、汽车、机床和其他各种机器，以及对力学性能要求相对较低的标准件和齿轮、轴、螺栓、阀门、衬套、销钉、管接头、弹簧座垫及机床丝杠、塑料成型模具、外科和牙科手术用具等。

2.8.6　弹簧钢

弹簧钢包括碳素弹簧钢和合金弹簧钢。

（1）碳素弹簧钢：碳是弹簧钢最重要的元素，为了保证上述性能，弹簧钢碳含量较高，一般均在 0.50%～0.70%之间，只有少数钢种碳含量较低，例如 30W4Cr2VA。但碳含量过高对塑性、韧性、脱碳敏感性、成型性等有不利影响。

(2) 合金弹簧钢：合金弹簧钢的基本组成系列有硅锰弹簧钢、硅铬弹簧钢、铬锰弹簧钢、铬钒弹簧钢和钨铬钒弹簧钢等。弹簧钢有热轧和冷轧两类。热轧产品有圆钢、方钢、扁钢、钢板。锻制产品有圆钢和方钢。冷轧和冷拉产品有钢丝、钢带、冷拉材（冷拉圆钢）等。弹簧钢主要用于制作汽车、拖拉机、铁道车辆及一般机械用的弹簧。

2.8.7 工具钢

工具钢包括碳素工具钢和低合金工具钢。

(1) 碳素工具钢：碳素工具钢的碳含量在0.65%~1.35%范围内，其性能除与冶炼、加工有关外，主要决定于碳含量。

工具行业要求碳素工具钢退火材具有稳定的质量，包括适宜的硬度、均匀的组织、改善网状碳化物和减少脱碳。

(2) 低合金工具钢：低合金工具钢是以铬为主要合金元素和较高碳含量的钢。主要用于制作形状复杂、尺寸不大的低速切削刀具，如铣刀、拉刀、板牙、丝锥、钻头、铰刀等。常用的钢种有9SiCr、CrWMn、9Mn2V。

2.8.8 高速工具钢

高速工具钢以钨、钼、铬、钒为主要合金元素，有时还含有钴。

W18Cr4V、W6Mo5Cr4V2和W9Mo3Cr4V是常用的高速工具钢，这三个钢号的高速工具钢产量占目前国内生产和使用的95%以上。

高速工具钢主要用于制造高速切削刀具，如车刀、铣刀、铰刀、拉刀、麻花钻等。

2.8.9 模具钢

模具钢大致可分为：冷作模具钢、热作模具钢和塑料模具钢三类，用于锻造、冲压、切型、压铸等。

(1) 冷作模具钢：冷作模具钢的主要性能要求是好的耐磨性、韧性、红硬性及良好的工艺性能。目前通用的冷作模具钢可分为三种类型：

1) 低合金冷作模具钢，典型牌号为9Cr06WMn；

2) 中合金冷作模具钢，典型牌号为Cr5Mo1V；

3) 高碳高铬型冷作模具钢，典型牌号为Cr12Mo1V1。

长期以来，中国广泛采用 Cr12、Cr12MoV 或 Cr12Mo1V1 钢作为冷作模具钢的主选材料。

（2）热作模具钢：热锻模用钢有 5CrMnMo、5CrNiMo；压铸模用钢是 3Cr2W8V；热挤压模具钢是 4Cr5MoSiV1（H13）。

（3）塑料模具钢：塑料模具钢分为非合金型、预硬型、时效硬化型和耐蚀型。

塑料制品表面质量要求在不断提高，塑料模具钢的切削性能、抛光性能、蚀刻性能显得非常重要。当前，塑料模具钢的市场十分巨大，发展也十分迅速。

（4）特殊要求模具钢：特殊要求模具钢包括无磁模具钢 7Mn15Cr2Al3V2WMo，耐高温热作模具钢如 GH4169、GH2135、K3，甚至 Mo 基、W 基难熔合金特殊模具钢。

2.8.10 轴承钢

轴承钢是用来制造滚珠、滚柱和轴承套圈的钢。按化学成分轴承钢分为高碳铬轴承钢、渗碳轴承钢、高碳铬不锈轴承钢及高温轴承钢四大类。

（1）高碳铬轴承钢：高碳铬轴承钢是碳含量为 1%左右，另外加入 1.5%左右的铬，并含有少量的锰、硅元素的过共析钢。铬可以改善热处理性能，提高淬透性、组织均匀性、回火稳定性，又可以提高钢的防锈性能和磨削性能。

（2）渗碳轴承钢：轴承零件的结构特点和工作条件要求渗碳轴承钢必须具备高的硬度、耐磨性、接触疲劳强度、良好的韧性、尺寸稳定性、耐蚀和冷热加工性能。用渗碳轴承钢等制造套圈和滚动体，例如机车车辆及轧钢机用轴承等，但该钢种的热处理工艺比较复杂。

（3）高碳铬不锈轴承钢：

高碳铬不锈轴承钢主要用于制作耐蚀耐高低温及微型轴承和在水蒸气、海水、蒸馏水及硝酸等腐蚀介质中使用的轴承，如潜水泵部件中的轴承、石油和化工机械的轴承及腐蚀对性能有很大影响的测量仪器的微型轴承等。

（4）高温轴承钢：高温轴承钢用于制作高温轴承如发动机和燃气涡轮等主轴轴承、一般高温轴承和轴承零件。

2.8.11 钢轨

钢轨可分为重轨与轻轨。

（1）重轨：重轨是一种非对称的工字形断面钢材，通常以每米长的重量表示其规格。每米公称重量大于 30kg 的钢轨，属于重轨，重轨分为一般钢轨和起重机轨两种。

（2）轻轨：轻轨是窄轨运输车辆用的轨道。轻轨主要用于矿业、林业、建筑和城市交通轨道。

2.8.12 冷镦钢

用冷镦加工方法制造紧固件、连接件用钢称为冷镦钢。为了提高冷镦钢的冷顶锻性能，钢中 S 和 P 等杂质含量减少，对钢材的表面质量要求严格，经常采用优质碳钢，并应进行球化退火热处理，以改善钢的冷镦性能。

2.8.13 不锈钢

不锈钢具有耐蚀性，合适的力学性能，良好的冷、热加工和焊接等工艺性能。不锈耐酸钢种主要有铁素体不锈钢、奥氏体不锈钢、奥氏体铁素体双相不锈钢和马氏体不锈钢。

（1）铁素体不锈钢：铁素体不锈钢是以铬为主要合金元素，铬含量12%~30%，碳含量不大于 0.25%；有些钢种还含有 Mo、Ti 等元素，如0Cr13、1Cr17、1Cr25 和 0Cr18Mo2Ti 等。主要用于制造耐大气、蒸汽、水及氧化性酸和有机酸腐蚀的零部件和耐热部件。

（2）奥氏体不锈钢：奥氏体不锈钢铬含量约 18%，镍含量 8%~10%，碳含量约 0.1%，具有稳定的奥氏体组织。奥氏体组织的钢是无磁性的而且具有高韧性和塑性，但强度较低，而且不能通过相变使之强化，仅能通过冷加工进行强化。

（3）奥氏体铁素体双相不锈钢：奥氏体铁素体双相不锈钢的组织结构特点是既有奥氏体又有铁素体。与铁素体不锈钢相比较，双相不锈钢的塑、韧性更高，无室温脆性，其耐晶间腐蚀性能和焊接性能均显著提高。含有 Mo、N 等合金元素的双相不锈钢还具有优良的耐腐蚀性能。

（4）马氏体不锈钢：马氏体不锈钢根据化学成分不同可分为马氏体铬钢

和马氏体铬镍钢两类；根据组织和强化机理的不同，则可分为马氏体不锈钢、马氏体和半奥氏体沉淀硬化不锈钢以及马氏体时效不锈钢等。

2.8.14 耐热钢

耐热钢常用于制造锅炉、汽轮机、动力机械、工业炉和航空、石油化工等工业部门中在高温下工作的零部件。

耐热钢和不锈耐酸钢在使用范围上互有交叉，一些不锈钢兼具耐热钢特性，既可用作不锈耐酸钢，也可作为耐热钢使用。

2.8.15 电工钢

电工钢也称硅钢片，主要用于制作各种电机、变压器和镇流器铁芯，是电力、电子和军事工业不可缺少的重要软磁合金。电工钢包括硅含量小于0.5%电工钢和硅含量为0.5%~6.5%硅钢两类。

2.8.16 高温合金

高温合金是以铁、镍、钴为基，在600~1200℃高温和复杂应力作用下长期使用的单一奥氏体的合金。

高温合金的分类有以下几种：按合金基体元素种类分为铁基合金、镍基合金和钴基合金；按热处理强化类型分为固溶强化型合金和时效沉淀强化型合金；按成型工艺分为变形合金、铸造合金和粉末合金。

高温合金主要用于制造汗孔涡轮发动机和火箭发动机部件，也用于地面燃气轮机和石油化工设备零部件。

2.8.17 精密合金

精密合金是具有特殊物理性能（如磁学、电学、热学和部分特殊化学性能等）的金属材料。精密合金包括软磁合金、永磁合金、弹性合金、膨胀合金、热双金属、电性合金、非晶微晶合金、贮氢合金、形状记忆合金、磁致伸缩合金、阻尼减振合金、隐身材料、磁记录材料和其他新型合金等。

2.8.18 彩色涂层钢板

彩色涂层钢板是以冷轧钢板、电镀锌钢板、热镀锌钢板或镀铝锌钢板为基板，经过表面脱脂、磷化、络酸盐处理后，涂上有机涂料经烘烤而制成的产品。彩色涂层钢板的常用涂料是聚酯（PE），其次还有硅改性树脂（SMP）、高耐候聚酯（HDP）、聚偏氟乙烯（PVDF）等。

2.9 中国钢铁行业存在的问题

2.9.1 行业集中度低，产业布局分散

当前，中国钢铁行业产能过剩并不是第一大问题，产能分散比产能过剩问题更为严重。经工信部认可的产能在100万吨以上的钢铁联合企业有305家，以单纯工序钢厂计算的企业则超过2000家。行业集中度低，产业布局分散，滋长了企业间的恶性竞争和个别地方政府的保护主义，并带来环保问题，还降低了行业的平均利润率，对国民经济发展产生了不利影响。

提高行业集中度的有效途径是大力推进产业中优势企业的横向整合重组力度，通过整合充分利用现有设备装备，避免重复建设，提高投入产出比和投入产出质量，即用最低的资源投入，产出最合理的产品，并提高产品档次，以占领高端产品市场。由于中国钢铁企业的集中度和专业化分工程度低，以及技术装备水平落后等原因，导致中国钢铁产品生产率低、成本高。当今有必要通过兼并收购，实现跨地区跨所有制结构的资产重组，打造世界一流的钢铁企业。

中国钢铁企业存在的另一个问题就是钢铁产品生产专业化程度低。目前，国内钢铁联合企业大都是“万能型”工厂，专业分工不明确，产品生产专业化程度低。然而，钢铁行业的产业集中度是关系产业竞争力的重要方面，提高行业集中度是中国钢铁产业实现可持续发展的重要任务。

2.9.2 国内钢材市场竞争日益激烈

由于房地产热的带动，国内钢材价格飞涨，受利益驱使，导致国内钢铁生产出现结构性过剩，钢铁企业普遍面临巨大的生存压力，竞争十分激烈。目前，国内中小型材、低档次产品的生产能力处于相对过剩状态，而高附加值产品的自给率较低，大部分依赖进口，随着国内市场的不断开放，国产钢材面临进口钢材的冲击增大。淘汰小型钢铁生产企业，并购一些大型企业，

建立钢铁基地，对中国钢铁行业实现规模经济、提高劳动生产率和经济效益、加快技术进步具有重要意义。

2.9.3 钢材产品结构性失衡矛盾突出

就中国的钢铁产品结构而言，一方面，国内钢铁企业的主导产品生产能力严重过剩；另一方面，高附加值和高技术难度的品种有的国内不能生产，有的虽能生产但生产能力严重不足，产品供不应求，国家每年需要大量进口。据企业反映，中国高端钢生产在技术上突破难度其实不大，尤其是民营企业敢于投入，能够承担风险，在技术攻关上具有优势。但民营企业往往难以获得市场准入，或由于研发周期长但融资期限不匹配而受到制约。

2.9.4 高污染高耗能问题较为突出

落后产能不仅增加能耗、污染环境，主要产品的价值与生产这些产品所消耗的资源、能源不相匹配，而且妨碍新产能作用的发挥，甚至导致产业链脱节，影响未来的结构调整和可持续发展。

2.10 钢铁行业应重视改革与转型两大方向

2.10.1 改革方向

（1）力助钢企重新启航，重点关注优质上市平台国有钢企大而不强，改革将使钢企脱胎换骨。目前国有钢企在行业中占主导地位，以上市的重点钢铁企业为样本，在净资产收益率、销售利润率、期间费用率等指标方面的表现均不如民营钢企与经过改革的国有钢企。通过成本控制、高层激励、管理培训、人才引进等方式，能够提高企业成本控制能力与改善管理制度，改革使钢企脱胎换骨。

（2）彻底民营化困难重重，但有限的改革稳步推进仍可带来曙光。改革阻力来自政府、钢企与资本三方面，民营化难度极大。但有限的改革依然可行，政府得以解决财政压力、税收来源和就业问题；企业改善经营业绩、享有政府补贴；政策推动下民间资本有望入股。以大冶特钢为例，有限的改革仍值得期待。

（3）多样化的改革形式：通过股权激励及员工持股、引入战略投资者、兼并重组、混合所有制等方式进行。

（4）投资策略：强烈建议关注优质上市平台，维持“买入”评级。多形式的国企改革有望在激励机制、资产配置、股权结构上优化国有钢企，从本质上提高其经营效益，改革有望助业绩再度起飞，维持该细分板块“买入”评级。

2.10.2 钢企转型：务必重视特钢、深加工、钢铁电商及其他

（1）特钢：核电、军工、汽车、高铁，特钢在多领域承担起经济转型重任。伴随着工业结构转型升级，高端装备制造业和耐用消费品需求将有望推动特钢行业快速增长。随着核电重启、军费开支加大、汽车消费稳定增长及高铁快速发展，诸如核电用钢、军工及航天用钢、汽车用钢、高铁轮轴等用钢，其需求将有极大提升，这部分钢材所具备极高的技术壁垒将保证行业竞争有序性。

（2）深加工：从油气改革拉动钢管需求说起，能源消费结构优化、环保政策和城镇化将共同推动中国天然气需求快速增长。对中国而言，目前最优的油气运输方式为管道运输。天然气需求增长将同时带来油气管网建设的高峰。同时，随着油气改革稳步推进，民营钢管企业将可以在油气管网建设的盛宴中分得“更大的蛋糕”。

（3）打开钢贸行业全新业态，万亿市场有待开发。随着传统钢贸消亡，钢铁电商凭借自身优势将独享这部分市场。随着国内政策越来越重视环保，转型环保产业的相关钢企亦值得期待。

（4）投资策略：务必重视特钢、油气管、电商板块，维持“买入”评级。

进口替代加速推进、海外市场空间广阔，维持特钢行业“买入”评级，符合产业政策导向。各细分产品领域专业化龙头公司，成本控制能力较强，上下游产业链的整合使得资源分配更具经济效益，提高技术门槛建立产品的竞争优势。国企改革和军工投入增加必将促使他们加大核电、军工和油气管高端产品研发力度，进一步优化产品结构，保持高利润率。

油气管网建设进程将再提速，维持油气管行业“买入”评级。能源消费结构优化、新型城镇化有序推进和环保政策加压将共同推动中国天然气需求

快速增长，加速建设管道等基础设施是有效解决资源输送瓶颈的关键，预计“十三五”期间中国油气输送管需求将持续高速增长。“十三五”期间，随着油气改革稳步推进，民企有望获得更多的管道建设订单，维持油气管行业“买入”评级。

2.11 钢铁企业应解决产能过剩和提高经营效益

中国钢铁企业以前曾经高效盈利，所以引起扩大投产，国有企业、民营企业和外资企业等都扩大投资建设，使钢铁产品的产能已经超过 10 亿吨，现在中国钢铁企业产能过剩，经营亏损，效益降低。由于中国钢铁产量过高，尽管 2015 年中国钢材出口量超过 1 亿吨，但出口销售率只占 1/10 左右，而国外一些钢铁企业出口销售率达到 30%，接近 1/3。这表明中国钢铁工业的生产技术和经营水平，仍然与国际先进水平具有差距。

为了提高钢铁工业技术和经营水平，中国国家发展和改革委员会决定，中国的钢铁企业应推进结构调整，改善产业布局，发展循环经济，降低物耗能耗，重视环境保护，提高企业综合竞争力，实现产业升级，把钢铁产业发展成在数量、质量、品种上基本满足国民经济和社会发展需求，具有国际竞争力的产业。

但是，中国钢铁行业出现严重的产能过剩，其中很重要的原因之一是地方政府和企业没有严格执行国家发展和改革委员会的决定。很多地方政府主要考虑政绩、税收和就业等问题，因此希望和要求钢铁企业扩大钢铁产能。

中国有一个省的领导在视察当地 3 家钢铁企业（包括一个特殊钢企业）时，命令各企业要发展 1000 万吨产量，淘汰小设备，建筑大设备，还命令银行贷款给予支持，结果这些企业扩大生产设备，提高产品产量，超过了顾客和市场需求，导致企业经营效益下降，不仅不能给银行还贷，也不能移交利润，只能停止生产或减少产量，甚至不能给员工准时发工资。现在中国钢铁行业在银行的负债有 13000 亿元，非银行负债 20000 多亿元。

中国某一钢铁生产的大省具有 50 多家大中型钢铁企业，有一个市区南部的县级地区几乎全部是钢铁生产企业，当地政府领导并不关心产品品种质量、节能减排和安全生产，主要是要求提高产量、效益和税收，有利于地方政府的经济规划目标。尽管生产环境和生产安全不好，当地政府并不进行管理，主要的要求只是效益好和税收高。目前中国地方钢铁行业亏损的主要是原因是产能严重过剩，求量不求质，超越需求。

现在，中国钢铁行业企业非常多，有炼钢能力的企业有500家左右。但是有些地方政府并不让钢铁企业停产，钢铁企业也不主动停产，甚至出现越亏损越生产的现象。有的专家认为，钢铁企业普遍亏损最根本的原因是“内部问题”，特别是地方政府不让钢铁企业停产或破产也是亏损的重要原因。

中国为了钢铁企业化解产能过剩和提高经营效益，应根据市场的实际和合理需求，强化政府的监督检查，把各地区和各企业化解过剩产能目标落实情况作为政府监督检查的重要内容，特别应加强对过剩产能的监督检查；另外，也应严格监督环保、能耗、质量、安全、技术等法律法规和产业政策的执行情况，达不到政策和标准要求的钢铁企业，应依法依规停止生产或降低产能。中国钢铁产业在数量、质量、品种上应满足国民经济、社会发展和出口经营的需求。

此外，还应鼓励企业联合重组，提高钢铁产业集中度，形成大型钢铁企业。日本的新日铁和住友、日本钢管和川崎合并，小型企业由大型企业提供高炉和转炉的钢铁坯料，只有特殊钢和少数普钢企业用电炉炼钢和生产需求量比较少的特殊产品。日本的钢铁企业基本是民营的，日本钢铁企业的产量是自己决定的，政府不干预，钢铁联盟只是负责统计、汇报和调查等工作，没有决定权。

中国的宝钢不仅吸收了原上钢一厂、上钢三厂、上钢五厂、上海浦东、江苏梅山、宁波宝新、新疆八一和湛江东山等，宝钢最近也与武钢合并；鞍钢不仅吸引了四川以攀钢为主的企业，也应包括本钢；山东的济钢和莱钢合并；东北的大连特殊钢、抚顺特殊钢和北满特殊钢也合并组成东北特殊钢有限公司。中国钢铁企业有300多家是国有的，向集团化方向发展是正确的，但是不能只是形式组合，也必须通过强化联合、兼并重组、互相持股、分工产品、规定产量等方式进行战略重组，减少钢铁生产企业的数量，增强大型钢铁企业的实力，实现钢铁工业组织结构调整和产业结构优化升级，通过提高产业集中度还能增强钢铁产业的国际竞争力。地方小型钢铁企业也应停止冶炼，只进行加工，提供品种特殊和数量较少的产品。

1991年冶金工业部戚元靖部长访问日本时，日本铁钢联盟主席、新日铁株式会社会长斋藤裕先生曾经接待戚元靖部长。当时斋藤裕先生建议中国在山东日照再建设一个像宝钢那样的现代化的钢铁联合企业。如果在日照建设的话，铁矿石进口、钢铁产品出口和利用河北迁安地区的铁矿石都比较方便。日本可以为供电、交通和港口建设等提供优惠贷款；如果在河北，甚至在迁安地区建设的话，日本铁钢联盟认为是不合适的。据说当时中国有的领导希望在山东，有的领导要求在河北建设，因此戚部长没有决定（其实是不敢决定在任何地区）再建设一个与宝钢相似的大型的钢铁联合企业。如果当时能够再建设一个大型的钢铁联合企业，也许中国不会出现这么多的地方或民营的小型钢铁企业，可能也就可以避免出现产量多、品种少、质量差、钢铁产品产量过剩和效益下滑的局面。

中国的宝钢、鞍钢和武钢由国务院国资委管理；河钢、首钢、本钢、太钢、山钢、马钢、包钢、昆钢等由所在省市国资委管理；民营企业由投资者或董事会决策，由经理层管理。解决钢铁企业产能过剩和提高经营效益的问题，不仅是钢铁企业的主要责任，也应是政府的重要责任。特别是地方政府应遵守中央政府的统一规划和重要政策。地方钢铁企业应向品种特殊、产量不高、质量很好、保护环境、节约能耗、安全生产、两化融合和质量经营方向发展，也有助于解决中国钢铁产品产量过剩和效益下滑的问题。

2.12　提高质量管理体系的有效性

我国绝大多数钢铁企业都完成了 ISO9001 质量管理体系的认证，这些企业质量管理体系的符合性有了明显提高，并赢得了相关方（主要是顾客）的信任。但是，也有不少企业在贯彻实施 ISO9000：2016 标准中，存在应付审核和注册的弱点，与企业的经营管理脱节。如何提高钢铁企业质量管理体系的有效性，不仅符合 ISO 要求。而且超越 ISO 要求。本人提几点看法，仅供参考。

2.12.1　加强质量管理体系中的领导作用

加强质量管理体系中的领导作用是提高钢铁企业质量管理体系有效性的最重要一条。首先，要清楚为什么必须以顾客（或用户）为关注焦点，如何承诺建立质量管理体系，在研究开发中如何运用过程方法、系统方法和信息方法，如何实现全员参与和持续改进，并如何与合作方建立互利共赢的战略伙伴关系。这也是提高质量管理体系有效性的前提。

加强质量管理体系中的领导作用，要求领导和职能部门不仅应履行和落实质量管理职责，更重要的是对方针目标进行认真的管理。管理职责包括明确质量职责权限和相互关系，使管理职责不仅有严格分工，而且有密切合作。方针目标管理包括方针目标的展开和分解、实施和审核。这是提高质量管理体系有效性的根本。

加强质量管理体系中的领导作用，还要求领导规定和考核质量管理业绩，把实现方针目标的内容分解成为不同的业绩考核指标体系。质量管理体系不应当仅仅考核经济效益，还应当衡量相关方的满意程度、研究开发领域的保持和拓展、对市场机会的快速灵活反应、对其他过程的整合效果、在科技企业中的竞争优势、员工为实现方针目标的改进意识以及与供方互利和双赢的关系等。这是提高质量管理体系有效性的基础。

2.12.2 提高资源管理的有效性和效率

企业的资源包括人力、物力、财力和信息，并在建立、实施、坚持和改进质量管理体系的过程中，不断地扩大资源范围，例如，应当把合作方也列入资源范畴，并进行管理。另外，针对发展机遇和约束条件（例如奥运会、世博会、西气东输、建筑材料升级等机会以及结构调整中的限制条件）及时提供资源，为实现提供顾客满意的产品和服务创造条件。

近年来，钢铁企业的设备更新改造取得了惊人的成绩，有相当一批企业的生产设备达到了国际一流水平，但是如何维护和保养这些基础设施，也是质量管理体系的重要内容。

控制财务资源活动和建立激励机制有助于提高资源利用效率（例如设立降低生产成本、节约管理开支和提高生产资金利用效率等机制）。在注意有形资源的同时应注意开发和利用无形资源（例如人才、技能、经验和意识）。建立良好的人际关系是人力资源管理的重要内容，是激发员工积极性和创造性的环境条件。保持雄厚的生产装备和监测仪器是实现顾客满意产品和服务的物质基础。为了取得竞争优势，企业应经常审视研究开发项目中资源对环境的影响以及对未来资源的规划。

2.12.3 控制生产过程，提高产品质量

按 ISO9000：2016 标准要求，正确进行产品实现过程的策划是至关重要

的。为此，必须首先准确地了解用户的要求，包括明示的、隐含的、法律法规的和自身附加的要求；同时，要扩大研究开发应考虑的因素，包括产品的实用性、可靠性、经济性和风险性；在产品实现过程中严格执行程序，包括严格控制采购过程和合作过程，强化对研究和开发过程的控制，做到每种产品都有预期目标或指标，在生产时有方案和程序，在检验和试验时有证据，在交付产品或服务时有验收准则。

提高质量管理体系运行的有效性，还必须解决不同顾客要求的多样性和程序化之间的矛盾（即新产品开发或试制与大生产之间的关系）。程序化是基础，是普遍适用的原则；多样性是针对特殊要求的，也需要策划和控制。没有对多样性的控制，基础化的程序就被破坏了。有些企业的技术中心只关心新产品试制，不注意现场生产技术的优化，即使获得了一些临时的或局部的效益，由于没有执行或形成普遍使用的程序，也会使新产品或新技术缺乏复现性，或者使企业的知识产权与长远效益流失。

2.12.4　建立评价质量管理体系的业绩指标体系

质量管理体系规定用顾客满意、体系、过程和产品 4 个方面评价质量管理体系的符合性；但是为了提高质量管理体系的有效性，企业也应建立整体业绩评价体系，包括量化顾客满意程度，改进内部审核的过程，重视所有过程的业绩考核，从多方面对产品或成果进行评价，强化管理评审的作用。

不少企业用经济效益来考核工作，这不仅是必要的，也是有效的，但是，只用经济效益来考核是短视的。企业的业绩取决于它的核心竞争力，而核心竞争力是人才、技术水平和产品使顾客增值的能力。在同行对比（benchmarking）中，企业应注意人才、技术水平和产品使顾客增值的能力的对比，这是衡量质量管理体系有效性的重要指标。它应当是满足用户要求、法律法规要求和企业自身要求的一组相关的指标体系，不仅有项目分值，还有加权指数，使业绩量化。

2.12.5　全员参与持续改进和不断提高体系业绩

ISO9000：2016 标准十分强调持续改进，它是质量管理体系的核心要素和永恒的主题。标准要求用数据分析找出改进机会，并运用 PDCA 循环程序开展改进活动。日本把它叫做“QC 活动”，宝钢叫“自主管理”。任何一个企业，都存在很多需要改进的事情。员工应乐于和善于改进自己身边的事情，哪怕是微小的，但是也必须渐进地和循环地去解决。纠正措施是在出现了问题时的一种改进的工具；预防措施是系统地策划减轻或消除潜在的问题。而持续改进是最积极的改进，它应当成为一种企业文化。对存在的问题司空见惯或见怪不怪，久而久之就会形成顽症，很难改正。

提高质量管理体系有效性应当是从我做起，从小事做起。如果贯彻实施ISO9000：2016 只是归口单位或内审员的事情，广大员工不明白、不理解、也不参与，甚至有些领导也不清楚，那就谈不上有效性，而是形式主义。为了达到全员参与和持续改进，首先要领导重视，同时进行培训，让员工不仅知道 ISO9000：2016 要求什么，而且知道怎么去做。不仅要求进行持续改进，而且应当引导和培训，使员工了解改进什么，如何改进。那种只强调参与，不讲究效果的活动，是没有多少实际意义的。持续改进是活动过程，不是最终目的，目的在于不断提高业绩。

国外有些企业已经将自主性的、自发性（bottomup）的改进，引导成为悬赏性（wanted）的改进，上下结合性（topdownandbottomup）和任务性（topdown），使持续改进有方向、有领导、有实效、有效率。

3

中国耐火材料行业存在的问题和发展分析

我国耐火材料行业在经历了前几年的快速增长后，正在逐步进入一个调整的时期。未来的发展趋势应是以结构调整为重心，企业生产经营的着眼点应当转移到调整、优化品种结构和推进产业结构优化升级上来。

耐火材料以矿山资源作为原材料，成本低、储量大、质量好且稳定、使用方便，目前对其造成威胁的替代品尚未出现。但随着主要用户工业如钢铁、水泥、玻璃、有色金属、化工等行业的技术发展，用户工业对耐火材料提出了更高的质量和品种要求。一方面，用户工业的科技进步必须依赖和需求新型、高性能的耐火材料，如洁净钢的生产需要对钢水有净化功能的碱性耐火材料；另一方面，这些行业在激烈的质量和价格竞争中，提出了降低吨产品耐火材料成本的要求。因此，耐火材料行业必须紧紧围绕用户工业的发展要求，实现产品的高质量、长寿命、节能、环保和多功能化。

我国耐火材料工业整体早年的基础较薄弱，近十余年来在产量、品种、质量、装备和生产工艺方面得到了长足的进步。但是当前仍然存在不少问题，如企业数量多、规模小、集中度低；资源的利用水平低；产品的质量及档次不高，使用寿命和消耗方面与国外先进水平比，还有相当大的差距。耐火材料用户的需求对我国耐火材料行业的发展提出了严峻的挑战和竞争。竞争的决定性因素将是：产品质量的稳定性和可靠性；生产较多的高效制品，价格适宜，有竞争力。

为了适应市场消费的发展趋势，我国耐火材料工业必须以结构调整为主线，耐火材料企业需要通过改善提高生产工艺、引进先进设备、加强管理等方式，使耐火材料产品向提高产品的质量及档次方向发展。质量成为耐火材料产品竞争的核心，而产品竞争也是工艺技术与生产设备的竞争。随着我国产业振兴规划的实施，为我国耐火材料行业的继续发展创造有利条件；我国耐火材料行业应加大调整产业结构力度，淘汰落后产能，实现产业升级，产品质量也是关键问题。

耐火度不低于1580℃的一类无机非金属材料。耐火度是指耐火材料锥形体试样在没有荷重情况下，抵抗高温作用而不软化熔倒的摄氏温度。但仅以耐火度来定义已不能全面描述耐火材料了，1580℃并不是绝对的。现定义为凡物理化学性质允许其在高温环境下使用的材料均称为耐火材料。耐火材料广泛用于冶金、化工、石油、机械制造、硅酸盐、动力等工业领域，在冶金工业中用量最大，占总产量的50%~60%。

耐火材料应用于钢铁、有色金属、玻璃、水泥、陶瓷、石化、机械、锅炉、轻工、电力、军工等国民经济的各个领域，是保证上述产业生产运行和技术发展必不可少的基本材料，在高温工业生产发展中起着不可替代的重要作用。

耐火材料是指化学与物理性质允许在高温环境下使用的非金属材料和产品。耐火材料是钢铁、有色金属、石化、建材、机械、电力、环境保护以及国防等涉及高温条件下的重要材料。

自2001年以来，在钢铁、有色、石化、建材等高温工业高速发展的强力拉动下，中国耐火材料行业保持着良好的增长态势，已成为世界耐火材料的生产和出口大国。2011年中国耐火材料产量约占全球的65%，产销量稳居世界耐火材料第一。

耐火材料行业发展与国内矿产资源的保有量休戚相关。铝矾土、菱镁矿和石墨是三大耐火原料。而中国是世界三大铝土矿出口国之一，菱镁矿储量世界第一，还是石墨出口大国，丰富的资源支撑着中国耐火材料度过了高速发展的十年。

与此同时，中国耐火材料企业众多，企业规模、工艺技术、控制技术、装备水平参差不齐，先进的生产方式与落后的生产方式共存。行业整体清洁生产水平不高，节能减排任务艰巨。

随着“十三五”期间中国加快淘汰落后及高能耗产能，行业将重点开发和推广新型节能炉窑，开发综合节能技术，开展能源管理、“三废”的排放控制和“三废”资源化回收利用等；致力于用后耐火材料资源化和再利用，减少固废排放，提高资源的综合利用率，全面推进节能减排。

《耐火材料产业发展政策》指出，中国钢铁工业耐火材料单耗为每吨钢消耗 25kg 左右，到 2020 年降至 15kg 以下。2020 年中国耐火材料更长寿、更节能、无污染、功能化的产品有大幅度增加，产品满足冶金、建材、化工以及新兴产业等国民经济发展需要，提高出口产品的技术含量。

3.1 耐火材料的分类

耐火材料品种繁多、用途各异，有必要对耐火材料进行科学分类，以便于科学研究、合理选用和管理。耐火材料的分类方法很多，其中主要有化学属性分类法、化学矿物组成分类法、生产工艺分类法、材料形态分类法等多种方法。

(1) 根据耐火度的高低可分为：普通耐火材料，1580~1770℃；高级耐火材料，1770~2000℃；特级耐火材料，>2000℃。

(2) 依据制品形状及尺寸的不同可分为：

1) 标准型：230mm×114mm×65mm，不多于 4 个量尺，最大∶最小（尺寸比）<4∶1；

2) 异型：不多于 2 个凹角，最大∶最小（尺寸比）<6∶1，或有一个 50°~70°的锐角；

3) 特异型：最大∶最小（尺寸比）<8∶1，或不多于 4 个凹角，或有一个 30°~50°的锐角；

4) 特殊制品：坩埚、器皿、管等。

(3) 按制造方法可分为：烧成制品、不烧成制品、不定形耐火材料。

(4) 按材料化学属性可分为：酸性耐火材料、中性耐火材料、碱性耐火材料。

(5) 按化学矿物质组成可分为：硅质（氧化硅质）、硅酸铝质、刚玉质、镁质、镁钙质、铝镁质、镁硅质、碳复合耐火材料、锆质耐火材料、特种耐火材料。

此种分类法能够直接地表征各种耐火材料的基本组成和特性，在生产、使用、科研上是常见的分类法，具有较强的实际应用意义。

（6）不定形耐火材料（根据使用方法）可分为：浇注料、喷涂料、捣打料、可塑料、压注料、投射料、涂抹料、干式振动料、自流浇注料、耐火泥浆。

3.2 耐火材料的结构

酸性耐火材料以氧化硅为主要成分，常用的有硅砖和黏土砖。硅砖是含氧化硅94%以上的硅质制品，使用的原料有硅石、废硅砖等，其抗酸性炉渣侵蚀能力强，荷重软化温度高，重复煅烧后体积不收缩，甚至略有膨胀；但其易受碱性渣的侵蚀，抗热震性差。硅砖主要用于焦炉、玻璃熔窑、酸性炼钢炉等热工设备。黏土砖以耐火黏土为主要原料，含有30%～46%的氧化铝，属弱酸性耐火材料，抗热振性好，对酸性炉渣有抗蚀性，应用广泛。

中性耐火材料以氧化铝、氧化铬或碳为主要成分。含氧化铝95%以上的刚玉制品是一种用途较广的优质耐火材料。以氧化铬为主要成分的铬砖对钢渣的耐蚀性好，但抗热震性较差，高温荷重变形温度较低。碳质耐火材料有碳砖、石墨制品和碳化硅质制品，其线膨胀系数很低，导热性高，耐热震性能好，高温强度高，抗酸碱和盐的侵蚀，尤其是对弱酸碱具有较好的抵抗能力，不受金属和熔渣的润湿，质轻。广泛用作高温炉衬材料，也用作石油、化工的高压釜内衬。

碱性耐火材料以氧化镁、氧化钙为主要成分，常用的是镁砖。含氧化镁80%～85%以上的镁砖，对碱性渣和铁渣有很好的抵抗性，耐火度比黏土砖和硅砖高。主要用于平炉、吹氧转炉、电炉、有色金属冶炼设备以及一些高温设备上。

在特殊场合应用的耐火材料有高温氧化物材料，如氧化铝、氧化镧、氧化铍、氧化钙、氧化锆等；难熔化合物材料，如碳化物、氮化物、硼化物、硅化物和硫化物等；高温复合材料，主要有金属陶瓷、高温无机涂层和纤维增强陶瓷等。

经常使用的耐火材料有AZS砖、刚玉砖、直接结合镁铬砖、碳化硅砖、氮化硅结合碳化硅砖，氮化物、硅化物、硫化物、硼化物、碳化物等非氧化物耐火材料，氧化钙、氧化铬、氧化铝、氧化镁、氧化铍等氧化物耐火材料。

经常使用的隔热耐火材料有硅藻土制品、石棉制品、绝热板等。

经常使用的不定形耐火材料有补炉料、捣打料、浇注料、可塑料、耐火泥、耐火喷补料、耐火投射料、耐火涂料、轻质耐火浇注料、炮泥等。

不定形耐火材料是由合理级配的粒状和粉状料与结合剂共同组成的不经成型和烧成而直接使用的耐火材料。通常，对构成此种材料的粒状料称骨料，对粉状料称掺和料，对结合剂称胶结剂。这类材料无固定的外形，可制成浆状、泥膏状和松散状，因而也通称为散状耐火材料。用此种耐火材料可构成无接缝的整体构筑物，故还称为整体耐火材料。

不定形耐火材料的基本组成是粒状和粉状的耐火物料。依其使用要求，可由各种材质制成。为了使这些耐火物料结合为整体，除极少数特殊情况外，一般皆加入适当品种和数量的结合剂。为改进其可塑性或减少用水量，可加入少量适当的增塑减水剂。为满足其他特殊要求，还可分别加入少量适当其他外加剂。

3.3 耐火材料通性

在普通和特种耐火材料中，常用的品种主要有以下几种：

(1) 酸性耐火材料。用量较大的有硅砖和黏土砖。硅砖是含93%以上SiO_2的硅质制品，使用的原料有硅石、废硅砖等。硅砖抗酸性炉渣侵蚀能力强，但易受碱性渣的侵蚀，它的荷重软化温度很高，接近其耐火度，重复煅烧后体积不收缩，甚至略有膨胀，但是抗耐火材料模具热震性差。硅砖主要用于焦炉、玻璃熔窑、酸性炼钢炉等热工设备。黏土砖中含30%~46%氧化铝，它以耐火黏土为主要原料，耐火度1580~1770℃，抗热震性好，属于弱酸性耐火材料，对酸性炉渣有抗蚀性，用途广泛，是生产量最大的一类耐火材料。

(2) 中性耐火材料。高铝质制品中的主晶相是莫来石和刚玉，刚玉的含量随着氧化铝含量的增加而增高，含氧化铝95%以上的刚玉制品是一种用途较广的优质耐火材料。铬砖主要以铬矿为原料制成，主晶相是铬铁矿。它对钢渣的耐蚀性好，但抗热震性差，高温荷重变形温度较低。用铬矿和镁砂按不同比例制成的铬镁砖抗热震性好，主要用作碱性平炉顶砖。

碳质制品是另一类中性耐火材料，根据含碳原料的成分和制品的矿物组成，分为碳砖、石墨制品和碳化硅质制品三类。碳砖是用高品位的石油焦为原料，加焦油、沥青作黏合剂，在1300℃隔绝空气条件下烧成。石墨制品（除天然石墨外）用碳质材料在电炉中经2500~2800℃石墨化处理制得。碳化硅制品则以碳化硅为原料，加黏土、氧化硅等黏结剂在1350~1400℃烧成。也可以将碳化硅加硅粉在电炉中氮气氛下制成氮化硅-碳化硅制品。

碳质制品的线膨胀系数很低，导热性高，耐热震性能好，高温强度高。在高温下长期使用也不软化，不受任何酸碱的侵蚀，有良好的抗盐性能，也不受金属和熔渣的润湿，质轻，是优质的耐高温材料。缺点是在高温下易氧化，不宜在氧化气氛中使用。碳质制品广泛用于高温炉炉衬（炉底、炉缸、炉身下部等）、熔炼有色金属炉的衬里。石墨制品可以做反应槽和石油化工的高压釜内衬。碳化硅与石墨制品还可以制成熔炼铜合金和轻合金用的坩埚。

（3）碱性耐火材料。以镁质制品为代表。它含氧化镁80%~85%以上，以方镁石为主晶相。生产镁砖的主要原料有菱镁矿、海水镁砂（由海水中提取的氢氧化镁经高温煅烧而成）等，对碱性渣和铁渣有很好的抵抗性。纯氧化镁的熔点高达2800℃，因此，镁砖的耐火度较黏土砖和硅砖都高。20世纪50年代中期以来，由于采用了吹氧转炉炼钢和采用碱性平炉炉顶，碱性耐火材料的产量逐渐增加，黏土砖和硅砖的生产则在减少。碱性耐火材料主要用于平炉、吹氧转炉、电炉、有色金属冶炼以及一些高温热工设备。

3.4 耐火复合材料

（1）氧化物材料：如氧化铝、氧化镧、氧化铍、氧化钙、氧化锆、氧化铀、氧化镁、氧化铈和氧化钍等，熔点在2050~3050℃。

（2）难熔化合物材料：如碳化物（碳化硅、碳化钛、碳化钽等）、氮化物（氮化硼、氮化硅等）、硼化物（硼化锆、硼化钛、硼化铪等）、硅化物（二硅化钼等）和硫化物（硫化钍、硫化铈等）。它们的熔点为2000~3887℃，其中最难熔的是碳化物。

（3）高温复合材料：如金属陶瓷、高温无机涂层和纤维增强陶瓷等。

3.5 耐火材料性能

耐火材料的物理性能包括结构性能、热学性能、力学性能、使用性能和作业性能。

耐火材料的结构性能包括气孔率、体积密度、吸水率、透气度、气孔孔径分布等。

耐火材料的热学性能包括热导率、线膨胀系数、比热容、热容、导温系数、热发射率等。

耐火材料的力学性能包括耐压强度、抗拉强度、抗折强度、抗扭强度、剪切强度、冲击强度、耐磨性、蠕变性、黏结强度、弹性模量等。

耐火材料的使用性能包括耐火度、荷重软化温度、重烧线变化、抗热震性、抗渣性、抗酸性、抗碱性、抗水化性、抗 CO 侵蚀性、导电性、抗氧化性等。

3.6　耐火材料生产工艺

根据制品的致密程度和外形不同，耐火材料生产工艺有烧结法、熔铸法和熔融喷吹法等。烧结法是将部分原料预烧成熟料，破碎和筛分，再按一定配比与生料混合，经过成型、干燥和烧成。原料预烧的目的是将其中的水分、有机杂质、硫酸盐类分解的气体烧除，以减少制品的烧成收缩，保证制品外形尺寸的准确性。原料在破碎和研磨后还需要经过筛分，因为坯料由不同粒度的粉料进行级配，可以保证最紧密堆积而获得致密的坯体。

3.6.1　烧结法

烧结法一般包括原料的破碎和粉碎、配料、混合、睏料、成型、干燥、烧结等工序。原料在破碎和研磨后还需要经过筛分，因为坯料是由不同粒度的颗粒料和粉料进行级配，要保证最紧密堆积密度，而获得致密的坯体。为了使各种生料和熟料的成分与颗粒均匀配合，要进行混炼，同时加入结合剂，以增强坯料结合强度。如硅酸铝质坯料加入结合黏土，镁质坯料加入亚硫酸纸浆废液，硅质坯料加入石灰乳等。根据坯料含水量的多少，可以采用半法成型、可塑法成型和注浆法成型。然后进行干燥和烧成即成为制品。

3.6.2　熔铸法

熔铸法是将原料经过配料混匀和细磨等工序，在高温下熔融，在模具中直接浇注，经冷却结晶、退火成为制品。如熔铸锆刚玉砖、熔铸锆莫来石砖、熔铸莫来石砖、刚玉砖和镁砖等。

熔铸莫来石砖又称电熔莫来石砖，俗称铁砖或黑铁砖。矿物组成中主要为莫来石（占 60%~70%）的熔铸耐火材料，属弱酸性耐火材料。主要成分氧化铝，含量为 65%~75%，二氧化硅含量 25%左右，其他氧化物总量为 5%~8%。熔铸莫来石砖比较致密，耐火度为 1730~1800℃，荷重软化开始温度为 1700℃，高温强度和耐磨性较高，耐侵蚀性较强，线膨胀系数较小，导热系数也较高，因此，耐热震性较其他熔铸砖好。主要用于玻璃熔窑等工业窑炉中。

熔铸刚玉砖是以工业氧化铝为主要原料，加入少量的碱和石英粉，在电弧炉内熔融，然后铸型、冷却、退火、机械加工成合格产品。其氧化铝含量大于 90%，是以刚玉为主晶相的耐火材料制品。具有很高的常温耐压强度（可达 340MPa）、高的荷重软化开始温度（大于 1700℃）和很好的化学稳定性，对酸性或碱性渣、金属以及玻璃液等均有较强的抵抗能力。热震稳定性与其组织结构有关，致密制品的耐侵蚀性能良好，但热震稳定性较差。该产品根据其中氧化铝结晶形态的不同和数量的多少分为 3 种：第一种是以 α-Al_2O_3 为主晶相，称为 α 刚玉砖；第二种是以 α-Al_2O_3 与 β-Al_2O_3 晶相为主，含量基本为 1∶1，α 相含量略高，称为 α，β 刚玉砖；第三种以 β-Al_2O_3 晶相为主，称为 β 刚玉砖。电熔刚玉砖以 α-Al_2O_3 与 β-Al_2O_3 晶相为主，含量各约 50%，产品结晶致密，在 1350℃以下对玻璃液的抗侵蚀性优良，因此被广泛应用在玻璃窑炉工作池及溜槽、唇砖、闸板砖等部位。

刚玉砖分为烧结刚玉砖和电熔再结合刚玉砖两种。原料分别用烧结氧化铝和电熔刚玉或 Al_2O_3/SiO_2 比高的矾土熟料与烧结氧化铝配合，采用烧结法制成。也可用磷酸或其他黏结剂制成不烧刚玉砖。主要用于炼铁高炉和高炉热风炉、炼钢炉外精炼炉、滑动水口、玻璃熔窑以及石油化工工业炉等。电熔再结合刚玉砖则是采用在电弧炉中熔融后的氧化铝为原料经过一般耐火材料生产工艺制成的耐火材料。浇注到指定的特定形状的模型中，通过退火保温，再通过金刚石磨具的加工，得到所需要的产品。

3.6.3 熔融喷吹法

将物料放在电弧炉中熔融成熔体，在熔体流出的瞬间，以高压空气或过热蒸汽进行喷吹，使熔融物料分散成纤维或形成空心球的方法。这是生产耐火纤维和空心球（氧化铝空心球或氧化锆空心球）的主要方法。

3.7 耐火材料应用

经常使用的特殊材料有 AZS 砖、刚玉砖、直接结合镁铬耐火材料磨具砖、碳化硅砖、氮化硅结合碳化硅砖，氮化物、硅化物、硫化物、硼化物、碳化物等非氧化物耐火材料，氧化钙、氧化铬、氧化铝、氧化镁、氧化铍等耐火材料。经常使用的隔热耐火材料有硅藻土制品、石棉制品、绝热板等。经常使用的不定形耐火材料有补炉料、捣打料、浇注料、可塑料、耐火泥、喷补料、投射料、涂料、轻质耐火浇注料、炮泥等。

3.8 审核耐火材料质量管理体系的要点

我国耐火材料行业在经历了前几年的快速增长后，正在逐步进入一个调整的时期。未来的发展趋势应是以结构调整为重心，企业生产经营的着眼点应当转移到调整、优化品种结构和推进产业结构优化升级上来。

耐火材料以矿山资源作原材料，成本低、储量大、质量稳定、使用方便，目前对其造成威胁的替代品尚未出现。但随着主要用户工业如耐火材料、水泥、玻璃、有色金属等行业的技术发展，用户工业对耐火材料提出了更高的质量和品种要求。一方面，用户工业的科技进步必须依赖和需求新型、高性能的耐火材料，如洁净钢的生产需要对钢水有净化功能的碱性耐火材料；另一方面，这些行业在激烈的质量和价格竞争中，提出了降低吨产品耐火材料成本的要求。因此，耐火材料行业必须紧紧围绕用户工业的发展要求，实现产品的高质量、长寿命、节能、环保和多功能化。

我国耐火材料工业整体基础较薄弱。企业数量多、规模小、集中度低；资源的利用水平低；产品的质量及档次不高，使用寿命和消耗方面与国外先进水平比，还有相当大的差距。耐火材料用户的需求对我国耐火材料行业的发展提出了严峻的挑战和竞争。竞争的决定性因素将是：产品质量的稳定性和可靠性，生产较多的高效制品，价格适宜，有竞争力。

为了适应市场消费的发展趋势，我国耐火材料工业必须以结构调整为主线，耐火材料企业需要通过提高生产工艺、引进先进设备等方式，使耐火材料产品向提高产品的质量及档次方向发展。质量成为耐火材料产品竞争的核心，而产品竞争也是工艺技术与生产设备的竞争。随着我国产业振兴规划的实施，为我国耐火材料行业的继续发展创造有利条件；我国耐火材料行业应加大调整产业结构力度，淘汰落后产能，实现产业升级，产品质量也是关键问题。

为了提高耐火材料的产品质量，加强质量管理是非常重要的。现在有很多耐火材料企业已经贯彻实施 GB/T 19001 质量管理体系，但是为了提高管理水平和竞争能力，在质量管理方面应加强和提高以下几个方面的能力。

（1）原料采购过程：耐火材料企业的生产需要大批原料，大致可分为酸性材料、中性材料和碱性材料。酸性原料通常是石英类材料，如石英砂、硅石、熔融石英等；中性原料通常是铝矾土等；碱性原料通常是镁砂、白云石等。

对一个耐火材料企业来说，在采购中有哪些产品应当控制是由企业本身的实际情况决定的，没有一个统一的模式。但是，必须根据生产过程和质量管理的需要进行界定，把必须控制的采购物资和外包的过程明确地确定下来，以便进行控制。

采购是产品形成过程的第一个环节，原燃材料的质量不仅直接影响最终产品的质量，也在一定程度上影响质量成本和经营效益。企业应当重视采购过程，并对其进行质量控制。

采购过程质量控制的基本原则有：

1）质量优先。为了保证最终产品的质量满足顾客要求，必须首先保证原燃材料的质量。在采购时必须对原燃材料和备品备件的质量有规范性要求。

2）价格合理。为了保证最终产品的价格顾客能够接受，使质量成本最佳化，必须对原燃材料和备品备件的价格进行控制。

3）交付准时。为了向顾客准时提供产品，原燃材料和备品备件的供应必须按合同规定及时交货，为最终产品的准时交付提供保证。

4）体系可靠。供方应建立可靠的质量管理体系，使原燃材料和备品备件的生产与交付过程受控，获得顾客对其产品的信任。

5）回避风险。考虑到不可预见的风险，不能只在一个供方采购某种原燃材料和备品备件。有适当数量的供方有利于回避风险和降低成本。

6）技术共享。必要时应该向供方提供必要的技术支持，例如耐火原料保护渣的理化指标、成分和加工技术等，保证能够提供具有特殊或差异要求的原燃材料和备品备件。

7）利益互惠。与供方建立互利共赢的关系，不仅不应拖欠应支付供方的货款，并有一定的优惠，而且从价格上考虑供方的利益。

采购的产品是否符合规定要求，应当采取一定方式进行验证。验证的方法可根据采购产品的重要性和品种采取可行的方式。

（2）原料加工过程：耐火原料又可分为酸性耐火原料，如硅石、锆英石等；中性耐火原料，如刚玉、铝矾土（偏酸性）、莫来石（偏酸性）、铬铁矿（偏碱性）、石墨等；碱性耐火原料，如镁砂、白云石砂、镁钙砂等。

原料加工过程包括原料拣选、破粉碎、细磨和筛分过程。

（3）输送过程：耐火材料按用途基本输送给钢铁行业、有色金属行业、石化行业、硅酸盐行业（玻璃窑、水泥窑、陶瓷窑等）、电力行业（发电锅炉）、废物焚烧熔融炉、其他行业。

输送过程包括分仓贮存过程、配料过程（包装为不定形耐火材料）、加结合剂混料过程、选用适宜的模具过程、压制成型过程、干燥过程、焙烧过程、出窑过程、检选过程、检验过程、入库过程和出厂过程。

（4）分仓贮存过程：分仓的意思就如同分几个股票账户来持有股票。

存储就是根据不同的应用环境通过采取合理、安全、有效的方式将数据保存到某些介质上并能保证有效的访问，向客户提供一套数据存放解决方案。

（5）配料过程（包装为不定形耐火材料）：耐火材料配料过程包装新生产线和老生产线改造及其他适用于移动配料的工艺生产。适用于耐火材料、碳化硅、碳素、摩擦材料等行业对小颗粒及粉状多种物料按预定比例配方进行的计重配料。

（6）加结合剂混料过程：耐火材料结合剂包括有：

1）铝酸钙水泥：主要用于耐火浇注料、喷射料的结合剂，中低档浇注料（黏土、高铝）用普通铝酸钙水泥；

2）高档耐火材料（刚玉、莫来石、铬刚玉、刚玉尖晶石）用纯铝水泥；

3）水玻璃结合剂：应用广泛，酸性（硅质、蜡石质）、中性（黏土、高铝）、碱性（镁质、镁铬、镁铝），定形、不定形均可使用；

4）磷酸及磷酸盐结合剂：磷酸用于磷酸结合耐火砖、浇注料、火泥中；

5）酸铝用于酸性、中性耐材，六偏磷酸钠可用于碱性耐火材料结合剂；

6）沥青结合剂：用于定形不烧耐材炭砖、镁炭、铝炭、铝碳化硅炭、铝镁炭和镁钙砖结合剂，不定形含碳捣打料、炮泥结合剂选用适宜的模具过程。

（7）选择模具过程：耐火材料在生产过程中模具是一种主要的生产设备，选择适宜的耐火材料模具，对降低定形耐火材料的成本尤为重要。

（8）压制成型过程：成型首先是为了满足制品的使用要求，耐火材料砌筑时要求制品具有一定的形状、精确的尺寸和足够的强度。其次，成型也是提高制品理化性能的有效手段，通过成型可以改善制品的组织结构。耐火材料的成型方法很多，常用的成型方法有积压成型、振动成型、挤压成型、捣打成型、等静压成型、熔铸成型、注浆成型等。

使用准确配料和混合均匀的料，成型压力和水分要适宜；合理的准确操作；使用符合规定的模具；装入模具的制砖料必须称重。压制成型的砖坯，由车间质量检查小组负责检查其尺寸，每半小时检查一次，由质量检验机构每班抽查一次。凡不符合质量要求的砖坯不能进入下道工序。

（9）干燥过程：干燥后的半成品残存水分必须小于1%，并有一定的机械强度。干燥好的半成品由技术员进行检验，严禁不合格的半成品流入下道工序；若不合格，不准装窑。严格按企业烘窑（隧道窑除外）特点规定的干燥程序进行烘干。烘干后的砖坯水分严格控制在2%以下。坚持做到每批入烘窑的砖出窑后，由检验室负责检测不同部位取样的砖坯的水分含量。车间质量检查组对每块砖坯严格进行检查，发现变形、开裂或损坏的砖坯不能进入下道工序。凡已符合入窑技术要求的砖坯，装入烧成窑（炉）内，严格按本厂烧成工艺要求进行烧成，控制烧成温度、保温时间及严密的冷却制度。出窑后成品砖由质量检查小组负责逐个进行检查分类，按不同品位分堆存放，并有明显的标志，写明出窑日期、编号。由质量检验人员负责监督检查和验收。

（10）焙烧过程：焙烧过程应首先控制装窑，装窑时必须按照平、稳、直的原则。按工艺规程的升温曲线进行烧成，温度误差不得超过20℃。成品烧成后按要求出窑，出砖必须轻拿轻放，成品合格率必须达到98%以上。

（11）出窑过程：耐火材料的出窑过程是将烧好的制品经冷却后从窑内取出来，或从窑车上卸下来的操作过程。出窑操作的好坏，对成品外形质量有直接影响。在出窑过程中，如果操作不注意或不熟练，往往会造成制品缺边掉角，从而降低成品合格率。

（12）检选过程：根据高温窑炉所需的耐火度、高温窑炉的化学特性、耐火材料用途以及预砌的效果来选购。选购耐火材料时，厂家一定要提供耐火材料品种和水平，可以按样收货，避免货有问题。

（13）检验过程：耐火材料的成品检验是对生产加工后的产品进行全面的检查与试验。企业耐火材料的成品检验管理非常的重要，只有成品检验好了，企业的产品才有质量保障，顾客就会继续购买，企业可以获得强大市场竞争力和较大效益。

（14）入库过程：耐火材料成品出窑后进行验收，然后必须清扫、打号、粘贴商标，码垛要整齐，即可以入库。

（15）出厂过程：耐火材料首要用于冶金行业、玻璃行业、水泥行业、化工行业、电力行业、机械制造行业等。这其间，属钢铁行业运用的耐火材料的量最大，基本上占有了耐火材料运用量的50%～70%，其次就是建材玻璃行业，然后是有色金属锻炼、石油化工行业。

当然每个行业需要的耐火材料也许不一样，所以应能够首先了解使用耐火材料部门对耐火材料质量和品种的要求，按照用户对耐火材料的要求，进行生产和销售出厂，防止出现问题。

4

如何进行监视、测量、分析和评价

GB/T 19001—2016 的 9. 1 监视、测量、分析和评价的内容为：

9. 1　监视、测量、分析和评价

9. 1. 1　总则

组织应确定：

a）需要监视和测量什么；

b）确定监视、测量、分析和评价方法；

c）规定监视和测量何时执行；

d）何时分析和评价监视和测量结果。

组织应通过监视、测量和分析，评价质量管理体系的绩效和有效性。

组织应保留适当的文件化信息（记录）作为证据。

解读：

9. 1. 3　分析和评价，是要求组织应对监视和测量的相应数据和信息进行分析和评价。

分析结果用于评价：

（1）产品的符合性；

（2）顾客满意程度；

（3）体系的有效性；

（4）策划的有效性；

（5）处理风险效果；

（6）外部供方绩效；

(7) 改进体系必要性。

注：分析数据的方法可包括统计技术。

应当说产品的检验和试验是质量保证的基本点或原点。其实就是产品的检验和试验，包括原材料、半成品和产品的检验和试验。产品的检验和试验不仅能够满足顾客要求提供产品特性的数据，也能够为生产过程提供控制信息。

为了证明产品符合要求，必须进行监视和测量。在生产过程的哪个阶段和对哪些产品进行监视和测量，由顾客要求、产品标准和操作规程的策划来确定。所有产品的监视和测量必须做到结果有记录，判定有准则，放行有授权。没有来得及完成监视和测量的产品必须得到顾客同意才可以交付，没有来得及完成监视和测量的半成品必须得到下工序同意才可以转序。GB/T 19001—2016 标准的这一基本要求，应当说是质量保证的基本点或原点。

随着技术进步和经济发展，各行各业对产品的要求越来越高，越来越严，相应地质量保证的概念也越来越提升和拓宽。过去出厂的产品在交付时，如果有上述监视和测量的结果和质量保证书，就认为符合要求和有质量保证了。现在有些行业和顾客不仅要求产品在交付时有监视和测量的结果及售后服务的承诺保证，而且还要求产品在整个使用过程中满足使用功能和寿命要求，甚至在整个寿命周期不应对环境造成危害，能够实现再利用和再循环。

钢铁产品也是如此，仅仅用产品的监视和测量结果是不够的，必须关注质量保证的其他方面的要求。也就是说，质量和质量保证的概念扩大了。质量保证不仅应保证符合性，还应保证稳定性、持续性和可靠性。顾客对产品质量的信任不仅来自产品的监视和测量结果，更重要的是关注产品的生产过程、设计和开发过程，甚至从企业的经营理念、企业文化和社会责任等方面来选择和评价产品。

4.1 钢的分类

钢是碳含量在 0.04%~2.3%之间的铁碳合金。为了保证其韧性和塑性，碳含量一般不超过 1.7%。钢的主要元素除铁、碳外，还有硅、锰、硫、磷等。钢的分类方法多种多样，其主要方法有如下7种：

(1) 按品质分类。主要有：

1) 普通钢（P含量不大于0.045%，S含量不大于0.050%）；

2) 优质钢（P、S含量均不大于0.035%）；

3) 高级优质钢（P含量不大于0.035%，S含量不大于0.030%）。

(2) 按化学成分分类。主要有：

1) 碳素钢：低碳钢（C含量不大于0.25%），中碳钢（C含量0.25%~0.60%），高碳钢（C含量不大于0.60%）；

2) 合金钢：低合金钢（合金元素总含量不大于5%），中合金钢（合金元素总含量5%~10%），高合金钢（合金元素总含量大于10%）。

(3) 按冶炼方法分类。主要有：

1) 按炉种分：转炉钢和电炉钢；

2) 按脱氧程度和浇铸制度分：沸腾钢、半镇静钢和镇静钢。

(4) 按加工方法分类。主要有：

1) 锻钢；

2) 铸钢；

3) 热轧钢；

4) 冷轧或冷拉钢。

(5) 按金相组织分类。主要有：

1) 退火状态的：亚共析钢（铁素体+珠光体）、共析钢（珠光体）、过共析钢（珠光体+渗碳体）、莱氏体钢（珠光体+渗碳体）；

2) 正火状态的：珠光体钢、贝氏体钢、马氏体钢、奥氏体钢；

3) 无相变或部分发生相变的。

(6) 按用途分类。主要有：

1) 建筑及工程用钢：普通碳素结构钢、低合金结构钢、钢筋钢；

2) 结构钢：优质碳素结构钢、调质结构钢、表面硬化结构钢（包括渗碳钢、渗氮钢、表面淬火用钢）、易切结构钢、冷镦用钢；

3) 弹簧钢；

4) 轴承钢；

5) 工具钢：碳素工具钢、合金工具钢、高速工具钢；

6）特殊性能钢：不锈耐酸钢、耐热钢（包括抗氧化钢、热强钢、气阀钢、电热合金钢）、耐磨钢、低温用钢、电工用钢；

7）专业用钢：如桥梁用钢、船舶用钢、锅炉用钢、压力容器用钢、农机用钢等。

（7）综合分类。主要有：

1）碳素结构钢；

2）优质碳素结构钢；

3）低合金结构钢；

4）合金结构钢；

5）弹簧钢；

6）易切钢；

7）轴承钢；

8）工具钢（碳素工具钢、合金工具钢、高速工具钢）；

9）不锈耐酸钢；

10）耐热钢；

11）耐磨钢；

12）电热合金钢；

13）电工用钢。

4.2 钢的编号

碳素结构钢和低合金结构钢的钢号通常由 4 部分组成：

第一部分：前缀符号（通用结构钢的前缀是代表屈服强度的符号 Q）+强度值（以 N/mm^2 或 MPa 为单位）；

第二部分：钢的质量等级（A、B、C、D、E、F）；

第三部分：脱氧方式表示符号（沸腾钢 F、镇静钢 Z、半镇静钢 b、特殊镇静钢 TZ）；

第四部分：产品用途、特性和工艺方法表示符号。

产品的监视和测量，其实就是产品的检验和试验，包括原材料、半成品和产品的检验和试验。产品的检验和试验不仅能够满足顾客要求提供产品特性的数据，也能够为生产过程提供控制信息。没有来得及完成监视和测量的产品必须得到顾客同意才可以交付，没有来得及完成监视和测量的半成品必须得到下工序同意才可以转序。应当说产品的检验和试验是质量保证的基本点或原点。

钢铁产品不同，标准中规定的检验和试验项目也不同。常见的钢材产品的检验和试验项目如表 4-1 所示，主要包括：化学成分分析、宏观检验（低倍检验）、微观检验（金相试验）、力学性能、工艺性能、物理性能、化学性能和无损探伤检验等。

表 4-1 常见的钢材产品的检验和试验项目

序号	钢材品种	检验和试验项目
1	碳素结构钢和低合金结构钢	化学成分、酸浸试验、断口、显微组织、脱碳层、晶粒度、非金属夹杂物、硬度、拉伸试验、冲击试验、顶锻、尺寸、表面质量等
2	优质碳素结构钢	化学成分、酸浸试验、断口、显微组织、脱碳层、晶粒度、非金属夹杂物、硬度、拉伸试验、冲击试验、顶锻、尺寸、表面质量等
3	合金结构钢	化学成分、酸浸试验、断口、塔形发纹、显微组织、脱碳层、晶粒度、非金属夹杂物、硬度、拉伸试验、冲击试验、顶锻、末端淬透性、尺寸、表面质量等
4	弹簧钢	化学成分、酸浸试验、断口、显微组织、脱碳层、晶粒度、石墨炭、非金属夹杂物、硬度、拉伸试验、末端淬透性、外形、尺寸、表面质量等
5	高碳铬轴承钢	化学成分、火花试验、酸浸试验、断口、珠光体组织、网状碳化物、带状碳化物、碳化物液析、退火钢材布氏硬度、尺寸、表面质量等
6	碳素工具钢	化学成分、酸浸试验、断口、脱碳层、珠光体组织、网状碳化物、退火硬度、淬透性、尺寸、表面质量等
7	合金工具钢	化学成分、酸浸试验、断口、脱碳层、珠光体组织、网状碳化物、共晶碳化物不均匀性、布氏硬度、洛氏硬度、磁性、外形、尺寸、表面质量等
8	高速工具钢	化学成分、酸浸试验、断口、脱碳层、共晶碳化物不均匀性、退火硬度、试样淬火、回火硬度、尺寸、表面质量等
9	不锈钢棒	化学成分、酸浸试验、非金属夹杂物、硬度、拉伸试验、冲击试验、耐蚀试验、外形、尺寸、表面质量等
10	耐热钢棒	化学成分、酸浸试验、非金属夹杂物、硬度、拉伸试验、冲击试验、外形、尺寸、表面质量等

4.3 钢铁生产过程的监视和测量

4.3.1 炼钢生产和轧钢生产中的主要监测内容

转炉炼钢：主要监测铁水、废钢、合金、炉料的成分和加入量，钢水成分、温度、重量，氧气压力、流量。

电炉炼钢：主要监测废钢、合金、炉料的成分和加入量，钢水成分、温度、重量，电极电流和位置控制。

精炼：主要监测合金加入量，真空度，搅拌气体流量、压力，钢水温度。

连铸：主要监测钢水温度、重量，中间包、结晶器液位，电磁搅拌控制，冷却控制，拉速、钢坯定尺和重量（模铸：钢水重量、浇铸时间）。

轧钢生产：主要监测加热或均热炉温度、温度场或加热曲线控制和钢坯温度；开轧温度或终轧温度，钢坯重量、长度、断面形状和几何尺寸；压下量或轧制力的调节控制、高压水除鳞、控制冷却；型钢轧制时的轧辊孔型样板，钢材重量、几何尺寸；板带类的宽度、厚度控制（横向、纵向）、板型、张力控制、卷重、长度；钢管类的外径、内径、壁厚，探伤、压力试验。质量检验过程还包括监测钢材的包装重量和计数，表面质量检查，最终几何尺寸检查。

4.3.2 监视和测量过程应考虑改进和提高的问题

尽管如此，产品的监视和测量仍然是当前质量保证的主要表现形式。为了满足顾客要求，并赢得顾客信任，必须认真策划和严格控制产品的监视和测量过程。仅仅达到结果有记录、判定有准则、放行有授权是不够的。随着顾客要求的多样化和高档化，产品的监视和测量过程应考虑以下几个问题并加以改进和提高。

（1）根据顾客的质量要求和产品的实际水平来确定监视和测量的项目和内容，包括进货、半成品、成品和交付的检验和试验，是全数、抽样、$n=1$ 或免检等。如果是抽样，应明确抽样的数量和部位。钢铁产品标准只规定了成品的检验和试验，没有对进货和半成品的检验和试验做出规定。为了提高产品的监视和测量在质量保证方面的作用，应策划和控制对进货（原料）、过程（半成品）的检验和试验。有部分企业对半成品的检验和试验并不严格，甚至不能做到结果有记录、判定有准则、放行有授权。

（2）主要原材料和辅助材料一般有进货验收和使用前分析检验。进货验收属于采购控制。使用前分析检验属于产品的监视和测量。有些原材料的进货验收不能替代使用前的分析检验。不仅因为原材料（包括焦煤、铁矿石、铁合金等）的贮存和运送会发生质量变化，而且不同供方和批次也会引起原材料的波动，所以在使用前应对原材料和辅助材料进行分析检验。如果原材料质量发生变化可以及时采取应对措施，保证半成品和成品的质量。特别是在对钢材中某些元素的当量和有害元素进行控制时，使用前的分析检验和过程分析是不可缺少的。

（3）半成品的监视和测量具有产品生产过程控制和质量保证双重作用。产品的生产过程控制包括产品特性和过程参数的监测。半成品的监视和测量在一定程度上反映出生产过程的受控程度和水平，为工序能力指数提供量化的信息。对半成品监视和测量的策划和实施（包括取样部位和数量、分析检验的对象和结果）是非常重要的质量保证活动。如果半成品不合格，必然会影响成品的质量。如果质量目标是“零缺陷”，必须对半成品进行监视和测量。大规模和自动化的钢铁工业生产线具有日益完备的在线检测装置，但是对关键的工序进行人工抽检验证仍然是不可少的。

（4）强化对新产品的监视和测量，特别是设计和开发过程的新产品质量不够稳定，应策划和实施有效的检验和试验方法与程序。尽可能在评审和验证阶段提供充分的质量保证证据。新产品的设计和开发的输出不仅应包括产品特性（产品标准）和过程参数（操作规程），也应包括产品的监视和测量（检验和试验规程）。现在有的企业把新产品试制只看成是提高经济效益的措施之一，提供了产品后对能够形成操作规程和检验与试验规程的信息没有作为设计和开发的输出进行管理，不利于产品的监视和测量过程的提升。

（5）既要充分利用仪器设备的效率，也要重视人工技能在产品检验和试验中的作用。在钢铁产品大批量生产过程中成分分析和性能检测，仪器设备起到了十分重要的作用；但是对产品的表面质量，无损探伤也很难完全替代人工的目视检验。也就是说，仪器设备对测量（或试验）有效，而人工技能对监视（或检验）有用。即使在生产过程设置了自动检测装置，有些产品在成品和交付检验时，人工检验也是不可缺少的。为了提高质量保证能力，应重视人工检验技能的培养和传承。对监视和测量人员来说，能力要求和培训应以提高技能为主，并设置资格认可和等级要求。

（6）判断有准则、操作有规程应是产品监视和测量的主要管理内容。判断准则有国家标准和企业标准两大类。如果企业标准只做内控，国家标准才是准则的话，产品的差异化就是一句空话。如果在合格不合格的判断准则中具有针对顾客个性化要求的内容，才能体现企业产品的品牌水平。产品的监视和测量过程也需要受控，操作规程应属于受控的程序。操作程序不仅应包括组批、取样、检验和试验程序，还应规定数据处理和分析，不仅应记录检验和试验结果，还应根据判定准则做出合格不合格的结论。合格品由授权人签字交付，不合格品转入不合格品原因分析和处置程序。

（7）产品的监视和测量过程必须有适宜的分析仪器和检验设备，资源配置合理，检定校准合规，标准物质齐全，维护检修及时。多数企业将监视和测量设备的控制规定由计量部门负责，其实这种职能分工不一定合适。因为监视和测量设备控制的过程不仅仅是检定和校准，最重要的是规定产品的监视和测量活动，用什么样的设备和方法，监测产品的哪些特性，并规定监测的范围和精度等，这些显然是产品检验和试验部门的工作。计量部门应只负责监视和测量设备的量值传递和数据溯源。

（8）为了满足顾客要求，提高企业的竞争力，钢铁产品的监视和测量应延伸到产品应用工艺性能，例如不锈钢的抗腐蚀性能、汽车用钢的深冲性能、轴承钢的抗疲劳性能、齿轮钢的易切削性能、锅炉钢的长期蠕变性能、造船用钢的焊接性能、管线和容器钢的低温性能、石油钢管的射孔性能、核电用钢的抗辐照性能等。只有满足了顾客的使用要求才会赢得顾客满意。例如日本丰田汽车公司的材料研究所就设在爱知特殊钢公司隔壁，在产品的特性参数监视和测量过程中一定会有密切的合作。

（9）产品的监视和测量也是一个过程，对该过程应如何评价？有不少企业对从事该项工作的部门（技术中心或质量处）按产品合格率进行考核，这显然是不合适的。合格率是生产出来的，不是检验出来的。产品的监视和测量部门应将不漏检和不误判作为目标。只有做到漏检率为零，误判率为零，才能赢得顾客的信任，增强企业的信心，才能提升质量保证的水平。

（10）关于产品监视和测量的管理体制问题，各企业根据实际情况确定，没有统一的模式。有的企业对产品的检验和试验、判定和放行由质量管理

(或监督)部门执行，有的企业下放到生产部门自行检验和试验，最后由销售部门开具质保书。如果生产现场的员工质量意识不强，自动检测手段不全，下放到生产部门自行检验和试验，难以赢得顾客的信任。核电工业用户要求钢铁企业必须由质量保证部门对产品质量进行监测。有的企业用经济责任制来控制产品的监视和测量工作，但最根本的动力在于顾客意识。只有认识到向顾客提供可靠的和增值的产品是企业生存发展的关键，也是必尽的社会责任，才能精心地作好产品的监视和测量工作。

钢铁产品的检验和试验是质量保证的基本点或原点。其实就是产品的检验和试验，包括原材料、半成品和产品的检验和试验。产品的检验和试验不仅能够满足顾客要求提供产品特性的数据，也能够为生产过程提供控制信息。没有来得及完成监视和测量的产品必须得到顾客同意才可以交付，没有来得及完成监视和测量的半成品必须得到下工序同意才可以转序。

4.3.3 化学成分分析

钢铁企业化学分析的对象包括进厂的铁矿石和煤炭，炼铁过程的配料、铁水和高炉炉渣，炼钢过程的炉内和钢包中的钢水与钢渣，以及轧钢过程的各种钢材产品。其中，要求分析次数最多、分析速度最快的是炼钢和精炼过程的铁水和钢水分析。钢材的多品种和高性能发展趋势也对化学分析提出了更高的要求，分析范围从 10^{-6} 到 30%左右。

4.3.3.1 化学成分分析方法

化学成分分析按原理和使用的仪器设备可分为化学分析和仪器分析。

A 化学分析

化学分析是以化学反应为基础的分析方法，主要有以下 4 种分析方法。

(1) 重量分析法：一般是使被测组分与试样中的其他组分反应分离后，形成一种化学组成固定的化合物（一般为沉淀），称其重量，从而计算被测组分含量的一种方法。这种方法分析速度慢，但准确度高。

(2) 容量分析法：一般是用标准溶液去滴定被测组分的溶液，待反应完成后根据所消耗的标准溶液来计算被测组分含量的一种方法。这种方法分析速度快，准确度也比较高。

(3) 比色法：许多物质的溶液是有颜色的，这些溶液的颜色的深浅程度与溶液的浓度有关，颜色越深表示溶液越浓。利用所测物质的特征颜色或所测物质与某些试剂反应形成的有色溶液进行分析。借助于溶液颜色深浅的比较来分析溶液中这种有色元素的浓度，这种方法叫做比色法。将含有已知量的物质的有色溶液作为标准，与含有未知量的被测物质的有色溶液进行比较，利用比色计或分光光度计测出含量。这种方法灵敏度高、稳定性好、简便快捷、操作方便、应用广泛；缺点是准确性不高，经常遇到共存元素的干扰。如果用肉眼进行观察的话，就叫做目视比色分析法；如果用光电比色计或分光光度仪来分析的话，则叫做光电比色分析法或分光光度分析法。光电比色分析法或分光光度分析法属于仪器分析法。

（4）电导法：利用溶液的导电能力来进行定量分析的方法。

B 仪器分析

仪器分析是以物质的物理或物理化学性质为基础的分析方法，即需将待测物质的光、电、热、声、磁等物理量或化学物理量最终转换成电信号，再与已知量的标准物质在相同条件下得到的电信号作比较，以测量出这些物质的化学组成、含量和结构。物理量和物理化学量的测定一般需要采用专门的仪器设备。仪器分析灵敏度高，分析速度快，所需试样少，易实现自动化。由于以上优点，仪器分析方法已逐步成为化学成分分析的主要方法。

仪器分析包括发射光谱分析、X 射线荧光光谱分析、原子吸收光谱分析、极谱分析、电子探针微区域分析、离子探针微区域分析等。

（1）发射光谱分析：是钢中多元素同时测量分析仪器，已被广泛采用。特别是钢铁产品的质量首先取决于炼钢过程，为了使钢水成分达到规定的要求，必须迅速准确地进行炉前分析，并及时反馈进行过程控制。发射光谱分析的分析时间在放入试样后 20s 以内，除钢中气体外，几乎所有元素都可以定量测定。为了测量炉前成分和进行炼钢控制，发射光谱是必不可少的分析仪器。

ICP（电感耦合等离子）发射光谱是用它做激发光源，具有检出限低、线性范围广、电离和化学干扰少、准确度和精密度高等分析性能。主要用于微量元素的分析，可分析的元素为大多数的金属和硅、磷、硫等少量的非金属，共 72 种。广泛地应用于质量控制的元素分析、超微量元素的检测，尤其是在环保领域的水质监测。还可以对常量元素进行检测。

（2）X 射线荧光光谱分析：用 X 射线照射物质，能产生次级 X 射线——荧光 X 射线。X 射线的波长对应于物质中原子的种类。根据荧光 X 射线的波长确定物质的元素组成，根据该波长的荧光 X 射线的强度进行定量分析，这种方法称为 X 射线荧光光谱分析法。特点：操作方便、准确度高、分析速度快，既可作常量分析，又可作痕量分析。目前 X 荧光光谱仪已成为炉前分析的主要仪器，主要用于铁矿石、炉渣、铁合金、生铁、合金钢的分析。原来 X 射线荧光光谱分析对于 C、P、S 等元素的灵敏度比较低，但在采用了超软 X 射线分光装置和新型分光晶体后，C、P、S 等元素的分析精度有了很大提高。例如对于铁水预处理中，P、S 含量为（10~30）$\times10^{-4}$%，C 含量为 2%~4%，Si 含量为 0.5%左右的铁水，采用 X 射线荧光光谱分析最适宜。另外，也适于分析稀土元素、钙以及铅等微量元素。X 射线荧光光谱对镀锌、镀锡和镀铬等合金层与炉渣的定量分析具有重要作用。

（3）原子吸收光谱分析：通过测量物质被转变为原子蒸气后，基态原子对特定波长谱线的吸收程度而进行定量分析的方法。发射某一金属特征谱线的光源光通过喷有雾状金属盐溶液的火焰，以测定被吸收的能量。特点是灵敏度高、准确度高、操作简单、适用范围广，可用于常量元素分析，也适用于微量元素分析。利用火焰原子化法绝对检出限达 10^{-10}g，无火焰原子化法绝对检出限可达 10^{-14}g，可测量 70 种金属元素（包括半导体元素），但不能直接测定非金属元素。

（4）极谱分析：通过测定电解过程中所得到的极化电极的电流-电位（或电位-时间）曲线来确定溶液中被测组分的一类电化学分析方法。特点是所需试样溶液少、灵敏度高、分析速度快，能够同时分析几种元素。但由于必须分离干扰元素，应用受到限制。近年来示波极谱和自动记录极谱的出现，为高纯金属中极微量元素的分析提供了先进的测试技术。

（5）电子探针微区域分析：简称电子探针，利用直径约 1μm 的电子束激发试样以产生 X 射线，再对所产生的 X 射线进行谱线分析，特征谱线表征元素，谱线强度表征元素含量。电子束直径很小，像探针一样在试样面上扫描，可以在试样上任何一个微小区域内进行定性和定量分析。特点是分析体积小、速度快、不破坏试样、能直接分析在金相显微镜下所观察到的组织成分。分析的元素包括 $_{4}Be$~$_{92}U$，含量为 0.001%~100%。一般用于测量夹杂物、析出物、偏析、异物、扩散、相、层、粒等，是研究开发的重要工具。

（6）离子探针微区域分析：用高能离子轰击样品表面，测定被飞溅活化出来并发生电离的原子（即离子）的组成。可以分析从氢到铀的所有元素。

对分析痕量元素相对灵敏度高，主要用于研究钢中合金元素的分布、偏析、扩散和镀层表面分析。

（7）碳硫分析：将分析试样放在高频燃烧装置的氧气流中燃烧，C 生成 CO_2（和部分 CO），S 生成 SO_2，用红外线吸收检测器检测，并将各自的浓度转换成电子信号作为分析值在显示器上显示。这种方法是干式的，不用溶液，反应迅速，分析时间短，自动化无人操作，适合于现场钢中碳硫分析。

（8）气体分析：钢中氧、氮和氢等气体分析有两种主要的方法，一种是真空熔融气体分析；另一种是惰性熔融气体分析。前者是在真空条件下熔融，后者是在惰性气体气氛中熔融，将释放出来的氧、氮和氢等气体分离，用热传导或红外吸收检测器检测，到 20 世纪 70 年代，后者已经取代前者。通常分析只用 60s，氧和氮的检测灵敏度为 0.1×10^{-6}，氢的检测灵敏度为 0.01×10^{-6}。

4.3.3.2 化学成分分析应用

A 炼焦过程

为了保证高炉炼铁过程稳定、顺行和高效进行，必须对焦炭质量进行控制。焦炭的质量与煤炭质量有关，所以必须从控制煤炭质量入手。在煤炭入场时应分析其质量，而煤炭在储存过程中的风化会影响结焦性，所以在每次发料时也必须按不同煤种进行质量分析。在装煤时应快速进行粒度分析，并尽快反馈给粉碎工序。在配煤时应具有工业分析和结焦性分析信息，水分分析对炼焦过程非常重要。

B 炼铁过程

炼铁过程包括原料处理、烧结、球团和高炉各工序，其中烧结和球团、铁水和炉渣，分析次数多，分析速度快。

（1）料场卸料：在原料卸料时的分析对原料混匀和配料计算具有重要作用。卸料分析也是验收分析。分析内容包括原料中的化合水、全铁、SiO_2、Al_2O_3、CaO、MgO、P、S、TiO_2、FeO、C 等。一般根据原料供应情况，必须在卸料后 1~2 天就应提供原料分析报告。

（2）料场混匀：原料波动有两种情况，即堆内波动和堆间波动。一般是在堆放后和使用前一周进行分析。分析的内容除上述的项目外，还有水分和粒度。水分必须在 8h 内报告，用以修正堆放量。

(3) 烧结配料：在配料仓取样分析 SiO_2、Al_2O_3、CaO、P、S、FeO、C 等，每天分析 1~3 次，特别是其中的 FeO 含量，应每小时报告一次数据。除采用 X 射线荧光分析外，还要对 FeO、C 进行快速分析。

(4) 原料混合：一般是在运输装置落下部位取样，取样量越多越好，一般为 10~30kg。因为皮带运输机上原料偏析比较大，最好在混料器后面取样。

(5) 烧结矿：成品分析与原料混合基本相同，不同点是 FeO。烧结矿中的 FeO 与还原性有关，所以每批烧结矿分析 2~4 次。物理性能检测包括粒度分布、转鼓强度、还原率、低温还原粉化率等。

(6) 高炉生铁和炉渣：高炉过程的主要分析对象有生铁、炉渣和煤气。一般在每次出铁的开始、中间和后期取样，也有从铁水罐或混铁车中取样的，以其平均值作为出铁的代表值。分析方法一般采用光谱分析或 X 射线荧光分析。每出一次铁应取一次炉渣试样，分析方法以粉末成型试样的 X 射线荧光分析为宜。

生铁的主要化学成分是 C、Si、Mn、P、S，而 Cu、Ti、Ni、Cr 和 As 等微量元素也是控制对象。

炉渣的分析主要是碱度，即 CaO/SiO_2，一般控制在 1.15~1.3 之间。除了分析 CaO 和 SiO_2外，还应分析 Al_2O_3、MgO 和 TiO_2。炉渣作为水泥的粗集料应提供化学成分、粒度、水浸试验、紫外线照射等试验分析。

煤气分析对高炉操作控制也非常重要，一般在现场设置气相色谱仪自动检测 CO、CO_2和 CH_4等。

C 炼钢过程

炼钢过程以炼钢炉为主，包括铁水预处理、转炉或电炉炼钢、炉外精炼和连铸或模铸等工序。因为炼钢过程反应很快，所以对温度和成分控制非常严格，因此分析应快速和准确。铁水预处理是降低铁水中的杂质元素（主要是硫，也有脱磷和脱硅的），应在预处理前对硫进行分析，以便控制脱硫剂的加入量。分析方法，如果只分析硫可以采用燃烧法，一般采用光谱分析。

转炉过程主要是降碳和脱磷，转炉吹炼时间短，只有 20~30min，要求分析速度要快。分析包括冶炼过程副枪试样和终点取样，每炉可取 4~5 次样，一般采用光谱分析。

电炉过程主要生产特钢和合金钢，对质量要求更严格。一般采用燃烧法定碳，采用光谱分析或 X 射线荧光分析钢水成分。

炉外精炼主要是调整成分和温度，并借助于脱气，降低钢水中的 O、N、H 和夹杂物含量。一般来说，每炉要取样分析 5 次以上，除成分分析外，还应对钢水中的 O、N、H 进行快速分析。一般采用惰性气体熔融法。

铸锭或连铸过程也需要取样进行分析，钢包中钢水的分析值用于判断是否符合标准。分析的成分比较多，一般也应采用光谱分析或 X 射线荧光分析。必要时，应用原子吸收或 ICP 定量分析 Sb、As、Co 和稀土元素等。

D 轧制过程

轧制过程的分析主要是成品分析，分析结果应与钢包分析相同。但是往往需要采取切削取样，一般采用化学分析（包括光电比色、原子吸收和 ICP 分析）。但是在生产过程中，为了保证产品质量也需要对过程参数进行检测。

4.3.3.3 宏观检验

宏观检验是用肉眼或放大镜检验钢材的化学成分与组织的不均匀性或缺陷的方法。宏观检验也叫做低倍检验。宏观检验或低倍检验包括酸浸试验、断口检验、发纹试验和硫印试验。

A 酸浸试验

酸浸试验是将试样用酸液腐蚀，来显示其宏观组织或缺陷。《钢的低倍组织及酸蚀检验法》规定了检验钢的低倍组织和缺陷的热、冷酸浸蚀法和电解腐蚀法。其中应用最多的是热酸浸蚀法。

（1）热酸浸蚀法：酸浸蚀试验方法的腐蚀是属于电化学腐蚀，浸蚀可以显示钢的化学成分的不均匀性和缺陷。影响浸蚀试验的因素有浸蚀液的成分、浸蚀温度、浸蚀时间和浸蚀面的光洁程度。其中浸蚀温度对酸蚀结果影响比较大，温度过高，浸蚀过于激烈，妨碍鉴别能力；温度过低，反应慢，时间长，鉴别效率低。一般最适宜的温度为 60~80℃。

（2）冷酸浸蚀法：冷酸浸蚀法适用于不便于采用热酸浸蚀法的、不易切开的、检验后仍需保持表面光洁的大型工件。但是试样表面必须具有较高的光洁度，而且试验时间长，费用高。

（3）电解腐蚀法：电解腐蚀法是采用 15%~20%（容积比）工业盐酸水溶液电解腐蚀试样表面，用于代替热酸蚀法，可以缩短腐蚀时间，改善工作条件，而且显示试样的宏观组织和缺陷比热酸浸蚀法清晰。

酸浸试验所检验的常见宏观组织和缺陷有偏析、疏松、夹杂、缩孔、气泡、轴心晶间裂缝和白点等。

（1）偏析：钢在凝固后元素分布不均匀的现象称为偏析。偏析程度与钢的成分和凝固条件有关。偏析有宏观偏析和微观偏析，宏观偏析是肉眼或放大镜可以见到的偏析；微观偏析是在显微镜下才能看到的偏析。按偏析的位置和形态可分为一般偏析、中心偏析、锭型偏析、点状偏析、白斑和树枝状组织。

（2）疏松：钢组织的不致密性称为疏松。这种缺陷是钢在凝固过程中，凝固缓慢的区域，因为微观补缩通道堵塞而在枝晶间和枝晶臂间形成的细小空隙。根据疏松分布情况，分为一般疏松和中心疏松。一般疏松是在整个截面上出现的空隙；中心疏松是集中在截面中心部位的空隙，是钢锭最后结晶收缩的产物。

（3）夹杂：在冶炼或浇铸过程由于物理化学反应产生的异金属或非金属混杂在钢锭的内部，破坏了钢的连续性和完整性。夹杂有异金属夹杂、非金属夹杂和翻皮。异金属夹杂是在浇铸过程中金属块混入钢锭模中或在冶炼后期和在钢包中加入的铁合金块等未熔化所造成的。非金属夹杂是钢锭中的熔渣没有来得及上浮或混入钢水中的耐火材料所形成的。翻皮是在下注过程中钢液冲破半凝固的上升钢液表面上的薄膜，将其卷入钢中而形成的缺陷。

（4）缩孔：缩孔是钢液凝固收缩后，得不到填充而遗留下的孔穴。

（5）气泡：气泡是钢在凝固过程中所产生的和释放的气体造成的缺陷。气泡有皮下气泡和内部气泡。较深的皮下气泡也叫做针孔。

（6）轴心晶间裂缝：钢锭在凝固后期，边缘对中心部位的拉应力很大，使得中心部位富集气体，而夹杂物的最后结晶部分沿脆弱的晶界形成裂缝。轴心晶间裂缝一般出现在钢锭上部。

（7）白点：白点又称发裂，是由氢气脱溶聚集到疏松的微孔中形成的细小裂纹。白点破坏了钢的连续性，一旦发现白点，钢材既不许复验，也不能使用。

B 断口检验

断口检验是在断口试样上刻槽，借助外力折断，以此来判断钢材中缺陷和生产过程中存在的问题。

断口有：

（1）纤维状断口：断口边缘有明显的塑性变形，断口呈现无光泽和无结晶的均匀组织。这种断口的形成与钢的枝晶偏析、区域偏析和热加工方法有关，属于穿晶断裂和正常断口，是允许存在的。

（2）瓷状断口：断口类似细瓷碎片，呈亮灰色、致密、有绸缎的光泽和柔和感觉。这种断口出现在过共析钢和某些合金钢经淬火或淬火后低温回火的钢材上，也是一种正常断口。

（3）结晶状断口：断口具有强烈的金属光泽和明显的结晶颗粒，断面平齐而呈银灰色，这种断口一般出现在热轧和退火的钢材上，也是一种正常断口。

（4）台状断口：断口出现在纵向断面上，颜色比基体浅，变形能力差，宽窄不同，但比较平坦，一般多出现在偏析区域。这种缺陷对钢材的纵向力学性能没有影响，对横向塑性和韧性有影响。

（5）撕痕状断口：这种断口也是出现在纵向断面上，呈灰白色，变形能力较差，一般是因为钢中残余铝过多而形成的。轻微时对力学性能影响不大，但严重时会明显降低横向塑性和韧性。

（6）层状断口：这种断口也是出现在纵向断面上，很像劈裂的朽木，高低不平，无金属光泽、有层状起伏的条带，条带中伴有白亮或灰色线条，这种缺陷对钢材的纵向性能影响不大，但会降低横向塑性和韧性。

（7）缩孔残余断口：这种断口出现在纵向断面的轴心区，是非结晶状条带或疏松区，有时伴有非金属夹杂物或夹渣。这种缺陷多是由于钢锭头部补缩不好切头不够造成的，会严重影响钢的连续性，是不允许存在的缺陷。

（8）白点断口：在断口上呈圆形或椭圆形的银白色斑点，斑点内的组织为颗粒状的，个别的呈鸭嘴形裂口，一般出现在偏析区。主要是因为钢中氢含量过多和内应力共同作用形成的，破坏了钢的连续性，是不允许存在的缺陷。

（9）气泡断口：在纵向断口的轴心区沿热加工方向出现，呈内壁光滑、非结晶的细长条带。多分布在皮下，有时也出现在内部。主要是因为钢液中气体过多、浇铸系统潮湿、钢锭模有锈等原因造成的。这种缺陷也会破坏钢的连续性，也是不允许存在的缺陷。

（10）内裂断口：内裂断口分为锻裂和冷裂两种，经常出现在轴心附近部位。锻裂的特征是光滑的平面或裂缝，形成的原因主要是热加工温度过低、内外温差过大、热加工压力过大、变形不合理造成的。冷裂的特征是与基体有明显的分界的、颜色稍浅的平面与裂缝，每个平面较为平整，清晰可见平行于加工方向的条带。经过热处理或酸洗的试样可能有氧化色。内裂产生的原因是由于锻造后冷却速度太快，组织应力与热应力叠加造成的。内裂也会严重影响钢的连续性，也是不允许存在的缺陷。

（11）非金属夹杂物断口：在纵向断口上呈不同颜色（灰白、浅黄、黄绿色等）、非结晶的细条带或块状非金属夹杂物。其分布无一定规律，整个断口均可见到。这种缺陷是在浇铸过程中随钢液带入的钢渣、耐火材料和夹杂物等造成的，属于破坏钢材连续性的缺陷。

（12）异金属断口：在断口上呈现与基体金属有明显边界、不同变形能力、不同金属光泽和组织的条带，条带边界有时有氧化现象。这种缺陷是异金属掉入或合金粉末未完全熔化等原因造成的。这种缺陷能够破坏钢材组织均匀性或连续性。

（13）黑脆断口：在断口上局部或全部呈灰黑色，严重时能看到石墨炭颗粒。这种缺陷多数出现在工具钢和含硅的弹簧钢断口上。产生的原因是钢的石墨化。这种缺陷破坏了钢的化学成分和组织的均匀性，使淬火硬度降低、力学性能变坏，用热处理和热加工方法也不能改善和消除，属于不允许存在的缺陷。

（14）萘状断口：萘状断口是一种脆性穿晶的粗晶断口，在断口面上呈现有弱金属光泽的亮点或小平面，用掠射光线照射时，由于各个晶面位向不同，这种亮点或小平面闪耀着萘晶体般的光泽。对合金结构钢来说，此种缺陷是由于过热晶粒粗化造成的，而对高速工具钢来说是由于重复淬火造成的。

（15）石状断口：石状断口在断口面上呈现粗大而凹凸不平的沿晶界断裂的粗晶。颜色灰暗无金属光泽，很像有棱角的砂石颗粒堆砌在一起。这种缺陷多出现在钢坯和钢材的表面层或棱角部位，严重时也可遍及整个表面。这种缺陷会降低钢的塑性和韧性。

C 发纹试验

发纹是钢中夹杂或气孔、疏松等，在加工变形过程中沿加工方向被延伸所形成的类似头发丝、细小的裂纹。发纹对钢的疲劳强度等性能有害，一般采用塔形车削试验进行检验。塔形试验方法有酸蚀法和磁粉法。酸蚀法适合于对表面的分析，而磁粉法也能够检验表层下一定深度存在的发纹。

D　硫印试验

硫印是用来直接检验硫并间接检验其他元素在钢中偏析或分布的一种方法。相纸上的硫酸与试样面上的硫化物发生反应，产生硫化氢气体，硫化氢又与印相纸上的溴化银发生作用，生成硫化银，沉积在印相纸相应的位置上，形成黑色或深褐色的斑点，斑点越大，色泽越深，表明硫的偏析越严重。硫印试验是一种定性试验。用硫印试验，可显示钢锭、连铸坯中心裂纹、偏析、低倍组织和夹杂分布等。

4.3.3.4　显微检验

显微检验也叫做高倍检验或金相检验。金相检验是指在金相显微镜下观察、辨认和分析金属材料的微观组织状态和分布情况，借以判断和评定金属材料质量的一种检验方法。显微检验的检验仪器主要采用光学显微镜。

最常见的金相检验包括有脱碳层检验、晶粒度检验、非金属夹杂物检验和金相组织检验。

A　脱碳层检验

由于钢在加热或保温过程中，受周围气氛（如空气中氧、水蒸气或二氧化碳等）的作用，表面层的碳全部或部分丧失。这种表面上的碳损失叫做脱碳，碳全部损失叫做全部脱碳，碳部分损失叫做部分脱碳。

脱碳层的检验方法有金相法、硬度法和化学分析法。

（1）金相法：一般适用于退火（或铁素体+珠光体）组织的钢种，有时也用于加工或回火组织的钢种。

（2）硬度法：采用洛氏硬度计或显微硬度计进行测量，洛氏硬度计一般只适用于测量表面，不能测量脱碳层的深度；而显微硬度计适用于脱碳层比较深，但与淬火相比深度小的亚共析钢、共析钢和过共析钢。

（3）化学分析法：适于测量碳含量在垂直于试样表面方向上的分布梯度。

B　晶粒度检验

晶粒度检验是借助金相显微镜来测定钢中的实际晶粒度和奥氏体晶粒度。

实际晶粒度是指出厂钢材上截取试样所测得的晶粒大小；奥氏体晶粒度是指将钢加热到一定温度并保温足够时间，钢中奥氏体晶粒大小。晶粒度检验方法有：

(1) 渗碳法：将试样在 930℃±10℃保温 6h，使试样表面获得 1mm 以上的渗碳层。渗碳后将试样炉冷到下临界温度以下，在渗碳层中的过共析区的奥氏体晶界上析出渗碳体网，经磨制和浸蚀后便显示出奥氏体晶粒边界。这种方法适用于渗碳钢。

(2) 氧化法：将试样检验面抛光，然后将抛光面朝上放入加热炉中，在 860℃±10℃条件下加热 1h，然后淬入水中或盐水中，经磨制和浸蚀后便显示出由氧化物沿晶界分布的原奥氏体晶粒形貌。这种方法适用于碳含量为 0.35%~0.60%的碳钢和合金钢。

(3) 网状铁素体法：将碳含量不大于 0.35%的试样在 900℃±10℃、碳含量大于 0.35%的试样在 860℃±10℃条件下加热 30min，然后用空冷或水冷。经磨制和浸蚀后沿原奥氏体晶界便显示出铁素体网。这种方法适用于碳含量为 0.25%~0.60%的碳钢和碳含量为 0.25%~0.50%的合金钢。

(4) 直接淬火法：将碳含量不大于 0.35%的试样在 900℃±10℃、碳含量大于 0.35%的试样在 860℃±10℃条件下加热 60min，然后淬火，得到马氏体组织，经磨制和浸蚀后显示奥氏体晶界。为了清晰显示晶界，在腐蚀前可在 550℃±10℃回火 1h。这种方法适用于直接淬火硬化钢。

(5) 网状渗碳体法：将试样在 820℃±10℃加热，保温 30min 以上，炉冷到下临界点温度以下，使奥氏体晶界上析出渗碳体网。经磨制和浸蚀后显示奥氏体晶粒形貌。这种方法适用于过共析钢。

(6) 网状珠光体法：采用适当尺寸的棒状试样，加热到规定的淬火温度，保温后将试样的一端在水中淬火，经磨制和浸蚀后可以看到细珠光体网显示出的奥氏体晶粒形貌。这种方法适用于其他方法不能显示的过共析钢。

C 非金属夹杂物检验

钢中非金属夹杂物有外来夹杂物和内生夹杂物。外来夹杂物是指耐火材料、炉渣等在冶炼、出钢、浇铸过程中进入钢液中来不及上浮而滞留在钢中造成的夹杂物；而内生夹杂物是溶解在钢液中的氧、硫、氮等杂质元素在降温和凝固时，由于溶解度降低，它们与其他元素化合并以化合物形式从液相或固溶体中析出，最后包含在钢锭中的夹杂物。

通常钢中的非金属夹杂物主要是内生夹杂物，而钢中常见的非金属夹杂物有：

(1) 氧化物：属脆性夹杂物，一般在热加工后沿加工方向排列呈链状。

（2）硫化物：属塑性夹杂物，一般在热加工后沿加工方向变形，呈纺锤状。

（3）氮化物：压力加工不变形。

（4）硅酸盐：有易变形的（铁硅酸盐或锰硅酸盐），也有不易变形的（铝硅酸盐或钙硅酸盐）。易变形的硅酸盐与硫化物相似，在热加工后沿加工方向变形，呈线段状；不易变形的硅酸盐与氧化物相似，在热加工后沿加工方向呈颗粒状分布。

（5）点状不变形夹杂物：氧化物或硅酸盐，夹杂物加工后不变形，仍然以点状或球状存在。

非金属夹杂物的存在破坏金属基体的连续性，非金属夹杂物的形态、数量、大小和分布影响钢的各种性能。

D 金相组织检验

金相组织检验是评定钢材质量的重要方法之一。金相组织检验所使用的仪器主要是光学显微镜，在深入研究开发时采用电子显微镜等现代化仪器。

金属显微组织检验方法包括金属显微组织检验的试样制备、试样研磨、试样浸蚀、显微组织检验、显微照相及试验记录。根据生产方法、检验目的、技术条件或双方商议，规定试样截取的方向、部位和数量。试样的磨面面积小于 400mm^2，高度为 15~20mm。试样可用手锯、砂轮切割机、显微切片机、化学切割装置、电火花切割机、剪切机等截取。试样清洗去除油渍、污物或锈斑。如果试样过于细薄或过软易碎应采取适宜的镶嵌方法。试样研磨可以用手工磨，也可用自动磨样机磨。为了进行显微镜检验，应对抛光好的试样进行浸蚀，以显示真实、清晰的组织结构。浸蚀后主要检验试样的显微组织。一般采用台式、立式、卧式显微镜进行观察和检验。

金相组织主要是指钢的金相具体形态，如马氏体、奥氏体、铁素体、珠光体等。而金相检验项目包括脱碳层深度、珠光体组织、网状碳化物、带状碳化物、碳化物液析、碳化物不均匀度、显微空隙、晶粒度、石墨炭、非金属夹杂物和 α 相等。

（1）珠光体组织：珠光体是奥氏体发生共析转变所形成的铁素体片与渗碳体片的层状共析体。碳素工具钢、合金工具钢和轴承钢在球化退火后，珠光体中的渗碳体也可呈球状，这样的珠光体称为球状珠光体。如果球化得不好，仍然存在片状珠光体，影响钢的加工性能或出现开裂。

（2）魏氏组织：魏氏组织是在粗大的过饱和固溶体中沿某些惯析面析出与母相保持一定晶体学关系排列成有规则几何图形的条状或针状新相。魏氏组织是先共析的片状铁素体或片状碳化物加珠光体组织。魏氏组织会降低钢的冲击性能，使钢的力学性能恶化。钢在加热过程中，由于受高温影响，使奥氏体晶粒长大，冷却后得到晶粒粗大，塑性差，韧性低，硬度高。

（3）网状碳化物：碳素工具钢、合金工具钢和轴承钢等过共析钢，经热加工后，在冷却过程中会沿奥氏体晶界析出，形成网状过剩碳化物，也叫做网状碳化物。如果钢中碳含量越高，或钢锭中原始碳化物偏析程度越大，形成网状碳化物的程度越严重，会影响钢的冲击韧性和耐磨性。

（4）带状碳化物：带状碳化物是碳化物分布不均的一种表现，高碳铬轴承钢组织中有带状碳化物，它是浇铸过程中形成的结晶偏析，在热加工过程中延伸而成的。带状碳化物会影响轴承钢淬火后的硬度和耐磨性的均匀性，降低疲劳强度和使用寿命。GB/T 18254—2002 标准中对带状碳化物的评级提供了依据。

（5）碳化物液析：液析碳化物是在浇铸时在钢锭局部微小区域内从液态结晶时析出的偏析的碳化物。在热加工时将沿变形方向分布，也属于对高碳合金钢性能有不利影响的缺陷。

（6）碳化物不均匀度：碳化物不均匀度是高速钢或轴承钢钢锭中的网状莱氏体，经热加工碳化物形成不均匀性分布。碳化物不均匀度会降低钢材的横向性能，并有可能增加加工部件淬火时的变形和开裂倾向。

（7）不锈钢中的 α 相：用金相法测定奥氏体不锈钢或双相不锈钢中 α 相的面积占总面积的比例。奥氏体不锈钢或双相不锈钢中 α 相对钢的性能影响很大，如果含量较多，会影响钢管内壁质量。不锈钢中的 α 相评级图有带系和网系两种。

4.3.4 力学性能检验

钢的力学性能是指抵抗外加载荷（外力）引起变形和断裂的能力或失效抗力。主要包括：硬度、强度、塑性、韧性、耐磨性和缺口敏感性等。

4.3.4.1 硬度试验

硬度是表示材料表面一个小区域内抵抗弹性变形、塑性变形或破断的一种能力。硬度是衡量钢材软硬程度的一项重要的性能指标，它既可理解为是钢材抵抗弹性变形、塑性变形或破坏的能力，也可表述为钢材抵抗残余变形和反破坏的能力。硬度试验根据其测试方法的不同可分为压入法（如布氏硬度、洛氏硬度、维氏硬度等）和回跳法（如肖氏硬度）。

（1）布氏硬度：布氏硬度（HB）是以一定的静力试验载荷，将一定直径的硬质钢球或硬质合金球压入被测金属表面，保持规定时间，然后卸除载荷，测量被测表面压痕直径。布氏硬度值是单位压痕球形表面积承受的压力。即布氏硬度值（HB）是负荷与其压痕面积之比值，单位为 N/mm^2。布氏硬度（HB）一般用于测试较软的材料，例如热处理之前或退火后的钢材。

（2）洛氏硬度：洛氏硬度是用一个顶角为120°的金刚石圆锥体或直径为1.588mm 的淬火钢球为压头，在一定载荷下压入被测钢材表面，由压痕的深度求出钢材的硬度。以 0.002mm 压痕深度作为一个硬度单位。当 HB>450 或者试样过小时，不能采用布氏硬度试验而改用洛氏硬度测量。根据试验材料硬度的不同，分三种不同的压头进行测量，并采用不同的标尺符号来表示。

1）HRA：采用 600N 载荷的金刚石圆锥，测量的范围为 60～85HR，主要用于测量碳化物、硬质合金、淬火工具钢和浅层表面硬化钢硬度。

2）HRB：采用 1000N 载荷和直径 1.588mm 的钢球，测量的范围为 25～100HR，主要用于测量退火软钢和可锻铸铁等的硬度。

3）HRC：采用 1500N 载荷的金刚石圆锥，测量的范围为 20～67HR，主要用于测量淬火钢、调质钢和深层表面硬化钢硬度。

（3）维氏硬度：维氏硬度的测试原理基本上与布氏硬度相同，但和布氏、洛氏硬度试验相比，载荷小、压痕浅，测量范围较宽，从较软材料到超硬材料，适于测量表面淬硬层、渗碳层和渗氮层的硬度。

（4）肖氏硬度：肖氏硬度试验是硬度试验中最简易的方法。主要是应用弹性回跳法将冲头或钢球从一定高度落到被测试材料的表面上而发生回跳。测试数值为冲头或钢球回跳的高度与落下的高度的比值（乘以肖氏硬度系数）。肖氏硬度计便于携带，适于测量钢的铸件、锻件和构件等。

（5）显微硬度：显微硬度与维氏硬度试验方法一样，即以载荷与压痕面积之比来确定；但显微硬度所采用的载荷更小，压痕也小，并带有显微镜，适于测量某个相、某个晶粒或夹杂物的硬度。

4.3.4.2 拉伸试验

拉伸试验是力学性能试验中最基本的试验，是在承受轴向拉伸载荷下测定材料特性的试验方法。在钢材的技术条件中，绝大部分都以拉伸性能作为主要的评定指标。利用拉伸试验可以确定材料的弹性极限、伸长率、弹性模量、比例极限、面积缩减量、拉伸强度、屈服点、屈服强度和其他拉伸性能指标。

（1）抗拉强度：抗拉强度是指试样在拉断过程中最大力所对应的应力，或试样在拉伸断裂前所能够承受的最大拉应力，用 R_m（过去用 σ_b）表示，单位为 N/mm^2（或 MPa）。

（2）屈服强度：屈服强度（也称屈服点）是试样在拉伸试验过程中拉伸力不增加（保持恒定）时仍能继续伸长时的应力，用 R_{eL}（过去用 σ_s）表示，单位为 N/mm^2（或 MPa）。

上屈服点：试样发生屈服而力首次下降前的最大应力，用 R_{su}（过去用 σ_{su}）表示，单位为 N/mm^2（或 MPa）。

下屈服点：在不计初始瞬时效应时，屈服阶段中的最小应力，用 R_{sl}（过去用 σ_{sl}）表示，单位为 N/mm^2（或 MPa）。

（3）伸长率：伸长率是试样在一定应力下的标距增长量与原标距长度之百分比，用 A（过去用 δ）表示，单位为%。

（4）断面收缩率：断面收缩率是试样拉断后缩颈处截面面积的最大缩减量与原始截面面积的百分比，用 Z（过去用 ψ）表示，单位为%。

4.3.4.3 冲击试验

对于承受冲击载荷的零件或工具，仅具有高的强度是不够的，还必须具有足够的抗冲击载荷的能力。在冲击载荷作用下，钢材抵抗破坏的能力称为冲击韧性。冲击韧性的好坏可以通过冲击试验来测定。最普遍应用的冲击试验是夏比冲击试验（又有室温冲击试验和低温冲击试验）。在 GB/T 229—2007 标准中规定，夏比试样缺口有 U 形和 V 形两种。冲击韧性用 a_k 表示，单位为 kJ/m^2或 J/cm^2。

4.3.5 工艺性能试验

（1）淬透性试验：钢的淬透性表示钢在一定条件下淬火时获得淬透层深

度的能力。钢的淬透性主要受奥氏体中的碳含量和合金元素含量的影响。淬透性好的钢材，能够使钢制成的部件整个截面获得均匀一致的力学性能。另外在淬火时可以选用淬火应力小的淬火剂，以减少变形和开裂。

（2）杯突试验：杯突试验是一种检测冲压工艺性能的试验，用来衡量板带深冲性能。一般采用端部为球形的冲头，将夹紧的板带试样压入压模内，直至出现穿透裂缝为止，所测量的杯突深度即为试验结果。

（3）钢筋弯曲试验：钢筋弯曲试验是指钢筋平面反向弯曲试验。钢筋承受平面反向弯曲的变形性能试验，检验弯曲部位承受规定角度的反向弯曲性能。

（4）线材扭转试验：线材扭转试验用于检验直径为0.3~10.0mm的线材承受单向或双向扭转塑性变形能力和显示线材内部及表面缺陷。

（5）钢管压扁试验：金属管压扁试验方法包括无缝管和焊接管的压扁试验，压扁到规定的尺寸，观察是否有缺陷。如果没有裂缝、裂口或焊缝开裂，表明钢管合格。

（6）钢管扩口试验：钢管的扩口试验，径向直径扩张到规定的尺寸，观察是否有缺陷。如果没有裂缝、裂口或焊缝开裂，表明钢管合格。

4.3.6 化学性能试验

化学性能试验主要指晶间腐蚀试验。不锈钢在腐蚀介质作用下，在晶粒之间产生的一种腐蚀现象称为晶间腐蚀。铁素体、奥氏体和奥氏体-铁素体双相不锈钢都存在晶间腐蚀现象。将金相试样磨光后在特定的酸液中进行热蚀或电解浸蚀，然后在显微镜下观察沿晶腐蚀的网状组织和晶间裂纹并进行评定，或作弯曲（90°），检验表面状态进行评定。

4.3.7 无损检验

无损检测是在不损害或不影响被检测对象的完整性和使用性的前提下，利用声、光、磁和电等特性方法，检测被检测对象中是否存在缺陷，并给出缺陷的大小、位置、性质和数量等信息，能够判定被检测对象的完整性、连续性、安全性和可靠性等的检测方法。

用于钢材的无损检测方法有：超声检测、涡流检测、漏磁检测、射线检测、渗透检测和电磁超声检测。

(1) 超声波检测：超声波检测是利用超声波的反射、透射和散射的能量分析对缺陷大小进行检测的技术。超声波在被检测的钢材中传播时，如果遇到缺陷，部分能量将反射，借助对反射参数的分析可以检测出缺陷的大小和深度。超声波检测主要用于钢管、钢棒、钢板、钢轨、钢坯等的探伤。

(2) 涡流检测：将通有交流电的线圈置于被检测的金属板上或套在被检测的金属管外，线圈内及其附近将产生交变磁场，在被检测的钢材中产生旋涡状的感应交变电流，叫做“涡流”。涡流的分布和大小也与被检测钢材表面有无裂纹缺陷等有关，所以涡流检测适于检测钢材的表面或近表面缺陷。

(3) 漏磁检测：当被检测的铁磁性材料被磁化后，如果有缺陷磁力线就会偏离方向。也就是说由于缺陷（不连续性）的存在，使钢材表面和近表面的磁力线发生局部畸变而产生漏磁场，吸附在钢材表面的磁粉，便形成可见的磁痕，显示出缺陷位置、形状和大小。漏磁检测适于检测钢棒（管坯）表面和近表面缺陷以及管材的内、外表面缺陷。

(4) 射线检测：射线检测是指用 X 射线或 γ 射线穿透试件，以胶片记录信息的无损检测方法。主要用于铸件和焊缝的缺陷检测。

(5) 渗透检测：在被检测的工件表面涂上含有荧光染料或着色染料的渗透剂后，在毛细管作用下，经过一段时间，渗透剂便渗透到缺陷中。除去多余的渗透剂后，再涂显像剂，显像剂将吸引缺陷中保留的渗透剂，渗透剂回渗到显像剂中，在一定的光源下（紫外线光或白光），缺陷中的渗透剂痕迹被显现，可以检测出缺陷的形貌及分布状态。适用于涡流和漏磁无法检测的工件缺陷。

(6) 电磁超声检测：电磁超声检测是利用不同于压电超声的换能器，借助于罗伦茨力、在非均匀磁场中磁偶极子受的磁力和磁致伸缩力的作用在被检测对象中形成声波。可用于钢板和钢管探伤及连铸坯高温检测。

4.4 耐火材料的检验和试验

耐火材料的性质，包括化学矿物组成、组织结构、力学性质、热学性质和高温使用性质。其中有些是在常温下测定的性质，如气孔率、体积密度、真密度和耐压强度等，根据这些性质可以预知耐火材料在高温下的使用情况；另一些是在高温下测定的性质，如耐火度、荷重软化点、热震稳定性、抗渣性、高温体积稳定性等。

4.4.1 化学分析

化学分析确定耐火材料化学组成。化学分析有定性分析和定量分析。定性分析技术确定物质是由哪些元素、离子、分子所组成；定量分析是确定物质中各组分的含量。用化学分析的重量法和容量法可以确定耐火材料中各种物质的组成和含量。仪器分析也可以分析耐火材料中各种物质的组成。

常用分析仪器有光谱仪、火焰光度计、分光光度计、光电比色计、原子吸收分光光度计、荧光 X 射线光谱仪、酸度计、质谱仪等。

分析耐火材料的化学组成按各成分含量和其作用分为两部分，即主成分和副成分（包括杂质和添加成分）。

（1）主成分：主成分是耐火产品中构成耐火基体的成分，是耐火材料的特性基础。它直接决定产品的性质。耐火材料按主成分的化学性质可分为三类：酸性耐火材料、中性耐火材料及碱性耐火材料。

酸性耐火材料含有相当数量的游离二氧化硅（SiO_2）。酸性最强的耐火材料是硅质耐火材料，几乎由 94%~97%的游离硅氧（SiO_2）构成。黏土质耐火材料与硅质相比，游离硅氧（SiO_2）的量较少，是弱酸性的。半硅质耐火材料居于其间。

中性耐火材料按其严密含意来说是碳质耐火材料，高铝质耐火材料（Al_2O_3含量 45%以上）是偏酸而趋于中性耐火材料，铬质耐火材料是偏碱而趋于中性耐火材料。

碱性耐火材料含有相当数量的 MgO 和 CaO 等，镁质和白云石质耐火材料是强碱性的，铬镁系和镁橄榄石质耐火材料以及尖晶石耐火材料属于弱碱性耐火材料。

（2）杂质成分：在耐火材料（或原料）中含有一定量的杂质。例如镁质耐火材料化学成分中的主成分是 MgO，其他氧化物成分均属于杂质成分。杂质成分的熔剂作用会使系统的共熔液相生成温度降低。

（3）添加成分：在耐火产品生产中，为了促进其高温变化和降低烧结温度，有时加入少量的添加成分，如矿化剂、稳定剂和烧结剂等。

添加成分是在耐火制品生产中为特定目的另外加入的少量成分。如为促进材料中某些物相的形成和转化而加入的矿化剂；为抑制材料中某些物相形成而加入的抑制剂或稳定剂；为促进材料的烧结而加入的助熔剂等。在耐火材料生产中，采取加入少量添加剂可在一定程度上改变材料的组成与结构，从而便于生产和使制品获得某种预期特性。但应注意不要因此而严重影响其抵抗高温作用的基本性质。

4.4.2 矿物组成

耐火产品是矿物组成的产品。产品的性质受其组成矿物影响。耐火产品的矿物组成取决于它的化学组成和工艺条件。化学组成相同的产品，由于工艺条件的不同，所形成矿物相的种类、数量、晶粒大小和结合情况也不同，使其性能可能有较大差异。例如 SiO_2 含量相同的硅质产品，因 SiO_2 在不同工艺条件下，可能形成结构和性质不同的两类矿物：磷石英和方石英，使产品的某些性质会有所差异。

耐火材料的矿物相可分为两类：结晶相和玻璃相。

结晶相一般分主晶相和次晶相，主晶相是指构成材料结构的主体，熔点较高，对材料的性质起支配作用的一种晶相。耐火材料主晶相的性质、数量、分布和结合状态直接决定制品的性质。许多耐火制品，如莫来石砖、刚玉砖、方镁石砖、尖晶石砖、碳化硅耐火材料制品等，均以其主晶相命名。

玻璃相又称过冷液相，存在于晶粒与晶粒之间，起着胶黏作用。玻璃相是指陶瓷高温烧结时各组成物质和杂质产生一系列物理、化学反应后形成的一种非晶态物质。

4.4.3 组织结构

耐火产品的组织结构有两种类型：一种是由硅酸盐（硅酸盐晶体矿物或玻璃体）结合物胶结晶体颗粒的结构类型，另一种是由晶体颗粒直接交错结合成结晶网，例如高纯镁砖。耐火材料是由固相（包括结晶相和玻璃相）和气孔两部分构成的非均质体，其中包括各种形状和大小的气孔与固相之间的宏观组织结构。

组织结构性能包括：

（1）气孔率：耐火材料中气孔的体积与产品体积的百分比称为气孔率。耐火材料内的气孔是由原料中气孔和成型后颗粒间的气孔所构成。气孔率大致可分为三类：

1）闭口气孔，它封闭在产品中不与外界相通；

2）开口气孔，一段封闭，另一段与外界相通，能为流体填充；

3）贯通气孔，贯通产品的两面，能为流体通过。

为简便起见，通常将上述三类气孔合并为两类，即开口气孔（包括贯通气孔）和闭口气孔。一般开口气孔体积占总气孔体积的绝对多数，闭口气孔的体积则很少，闭口气孔体积难以直接测定。因此，产品的气孔率指标，常用开口气孔率（亦称显气孔率）表示。

（2）吸水率：吸水率是产品中全部开口气孔吸满水的质量与其干燥质量之比，以百分率表示，它实质上是反映产品中开口气孔量的一个技术指标，由于其测定简便，在生产中多直接用来鉴定原料煅烧质量。烧结良好的原料，其吸水率数值应较低。

（3）体积密度：体积密度表示干燥产品的质量与其总体积之比，即产品单位体积（表观体积）的质量，单位为 g/cm^3。体积密度也是表征产品致密程度的主要指标，密度较高时，可减少外部侵入介质（液相或气相）对耐火材料作用的总面积，从而提高其使用寿命，所以致密化是提高耐火材料质量的重要途径，通常在生产中应控制原料煅烧后的体积密度、砖坯的体积密度和产品的烧结程度。

（4）真密度：真密度是带有气孔的干燥材料的质量与其真体积之比值，单位为 g/cm^3 或 kg/m^3。真体积是带有气孔的材料中固体物质的体积。

（5）透气度：透气度是指在一定压力和测定面积下，一定量空气通过隔膜所需要的时间。透气度高表明透气时间长，透过性差，是耐火材料在压差下允许气体通过的性能。

4.4.4 力学性能

（1）耐压强度：耐火材料在一定温度下，单位面积上所能承受的极限载荷。耐压强度是衡量耐火材料质量的重要性能指标之一，间接地反映出制品的组织结构，如致密性、均匀性、烧结性等。通常分为常温耐压强度和高温耐压强度。常温耐压强度是指制品在室温下测得的数值。将试样加热至某一指定温度进行加压试验，所取得的结果称为该温度下的高温耐压强度。

（2）抗折强度：抗折强度又称抗弯强度，耐火泥料或陶瓷材料受到弯曲负荷的作用而破坏时的极限应力，用破坏弯曲力矩与折断处的截面阻力矩之比值表示，单位为帕（Pa）。提高耐火材料的抗折强度，主要工艺手段是：改进砖料的颗粒级配，加大成型压力以提高制品坯体的密度，使用优质结合剂和提高制品的烧结性能。

（3）耐磨性：耐磨性又称耐磨耗性，指材料抵抗磨损的性能，它以规定摩擦条件下的磨损率或磨损度的倒数来表示。材料的耐磨损性能，用磨损量或耐磨指数表示。耐磨性几乎和材料所有性能都有关系，而且在不同磨耗机理条件下，为提高耐磨性对材料性能亦有不同要求。由于摩擦材料和试验条件各不相同，可用磨耗指数表示，也可用磨耗试验机在规定条件下进行试验所测得的材料减量（g/cm^2）或其倒数表示。耐磨性是摩擦磨损试验中的一个测量参量。

（4）高温蠕变性：高温蠕变性是指制品在高温下受应力作用随时间变化而变化的等温形变。国家标准 GB/T 5073—2005 规定了耐火制品压蠕变的试验方法。其原理是，在恒压下，以一定的升温速率加热规定尺寸的试样，在指定的试验温度下恒温，记录试样随时间变化而产生的高度方向上的变形量，以及相对于试样原始高度的变化百分率。

4.4.5 热学性能

（1）热容：热容是热学性能之一，单位质量物体的热容称为比热容。耐火材料的比热容是指当单位质量该物质吸收或放出热量引起温度升高或降低时所放出的热量。如果升温是在体积不变条件下进行，该热容称为等容热容；如果升温是在压力不变条件下进行，该热容称为等压热容。

（2）热膨胀性：耐火材料的热膨胀是指其体积或长度随着温度升高而增大的物理性质。以规定的升温速率将试样加热到指定的试验温度，测定随温度升高试样长度的变化值，计算出试样随温度升高的线膨胀率和指定温度范围的平均线膨胀系数，并绘制出膨胀曲线。

（3）热导率：热导率是表明材料导热能力大小的一个物理量，即单位时间内在单位温度梯度下沿热流方向通过材料单位面积传递的热量。热导率与材料的种类、物质的结构、湿度有关，对同一种材料，还和材料所处的温度有关。

（4）温度传导性：温度传导性是材料在加热或冷却的过程中，各部分温度倾向一致的能力，即温度的传递能力。温度传导性用热扩散率（或导温系数）来表示。

耐火材料的温度传导性值越高，则在相同的外部加热回落冷却条件下，耐火材料内部的温度传播速度越快，各处的温差也就越小，因此它决定耐火材料急冷急热时内部温度梯度的大小。

4.4.6　耐火材料的使用性能

（1）耐火度：耐火度是指材料在高温作用下达到特定软化程度的温度，表征材料抵抗高温作用的性能。耐火度的意义与熔点不同。熔点是结晶体的液相与固相处于平衡时的温度。而耐火度是多相体达到某一特定软化程度的温度。对绝大多数普通耐火材料而言，都是多相非均质材料，无一定熔点，其开始出现液相到完全熔化是一个渐变过程，在高温下相当宽的范围内，固液相并存。

（2）荷重软化点：荷重软化点是表征耐火材料在恒定荷重下，对高温和荷重同时起作用的抵抗能力，也表征耐火材料呈现明显塑性变形的软化温度范围，是工程应用中一项重要的高温力学性能指标。

高温荷重软化点是指耐火制品在生产应用过程中，不仅要耐高温，而且要抵抗炉渣、各种金属或材质溶液或加工件的冲刷侵蚀，以及承受炉体各部结构件压力，具备以上性能的极限度称高温荷重软化点。

（3）耐急冷急热性：耐火制品在使用过程中，由于受温度急剧变化的影响，在制品内会产生一种应力，促使制品产生裂纹而毁坏，因此造成炉体寿命缩短。工业炉窑有很多都是间断式作业。在间断式作业的炉子内，耐火制品能随炉温的急剧变化和波动而不致破坏的性能称为耐急冷急热性。

（4）高温体积稳定性：高温体积稳定性是指高温下耐火材料外形体积保持稳定的性能，或加热至高温后耐火材料尺寸不可逆地减少或增加的性能。一般用在无负荷作用状态下的重烧体积变化百分率衡量其优劣，常以线变化表示，有时用高温蠕变表示。高温体积稳定性直接与炉内砌体的开裂损坏有关，是耐火原料及制品的重要质量性能之一。

（5）热震稳定性：耐火材料抵抗温度的急剧变化而不破坏的性能称为热震稳定性。此种性能也称为抗热震性或温度急变抵抗性。众所周知，硅砖受急冷急热易产生裂纹、开裂，镁砖易于剥落，通常被称为热震稳定性低的材料或抗热震性小的材料。反之，则为热震稳定性高或抗热震性大的材料。

（6）抗氧化性：耐火材料的抗氧化性主要是指含碳耐火材料抵抗高温氧化的能力，氧化性来自氧气、氧化物等。目前改善耐火材料抗氧化性的三种方法是添加抗氧化剂法、浸渍氧化抑制剂法和表面涂层法。

（7）抗水化性：抗水化性是指碱性耐火材料在大气中抵抗水化的能力。它是表征碱性耐火材料是否烧结良好的重要指标之一。碱性耐火材料烧结不良时，其中的 CaO、MgO，特别是 CaO，在大气中极易吸潮水化，生成氢氧化物，使制品疏松损坏。

（8）抗渣性：抗渣性是评价耐火材料的重要指标之一。抗渣性的表示方法可用熔渣侵蚀量（mm 或 %）表示。熔渣侵蚀是耐火材料在使用过程中最常见的一种损坏形式。耐火材料抗渣性的优劣主要与其自身的化学成分、矿物组成和组织结构等有关，还与熔渣的性质及其相互作用的条件（如温度、时间、流速等）有关。

（9）抗酸性：抗酸性是耐火材料抵抗酸溶液侵蚀的能力，通常用浓度为 70%的硫酸作为侵蚀酸。将试样破碎、细磨、筛分，选取粒度为 0.63～0.80mm 的颗粒作为试样，将其放到 70%的硫酸中煮沸 6h，干燥后测量其重量损失率，以%表示。

（10）抗碱性：抗碱性是耐火材料在高温下抵抗碱性腐蚀的能力。通常使用的碱性腐蚀介质是无水碳酸钾。测定方法有两种：

1）直接侵蚀：在每边长 50mm 的试块上钻一个直径 22mm、深 25mm 的孔，在孔中装入 8g 碳酸钾；密封、埋炭后加热到 995℃，保温 5h，冷却后观察开裂程度。

2）混合腐蚀：将 60mm×20mm×20mm 的试样埋在装有碳酸钾与焦炭粒的混合物的匣中，加热到 1000℃，保温 5h，冷却后测量侵蚀前后的变化。

5

如何审核钢铁和耐火材料企业生产过程

我国钢铁生产过程是一个复杂的系统，如图 5-1 所示，由炼焦、烧结（和球团）、炼铁、炼钢（包括转炉和电炉、精炼、铸锭或连铸）和轧钢所组成。有的企业还有耐火材料。

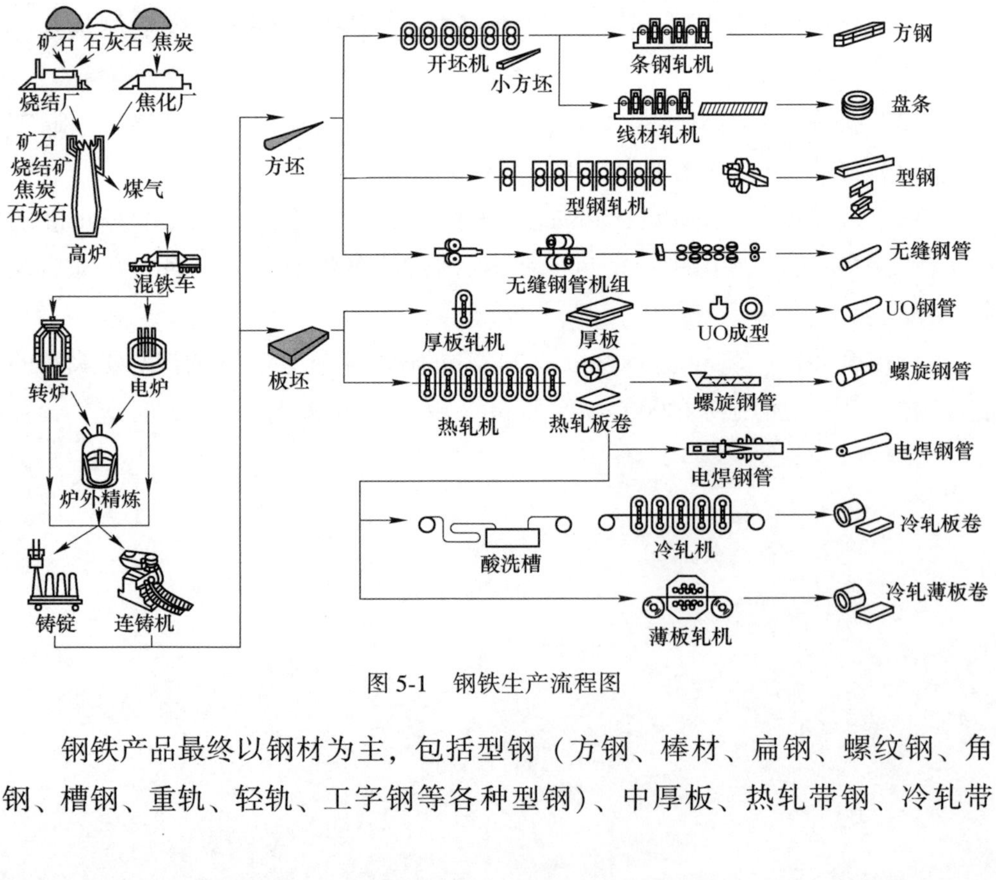

图 5-1　钢铁生产流程图

钢铁产品最终以钢材为主，包括型钢（方钢、棒材、扁钢、螺纹钢、角钢、槽钢、重轨、轻轨、工字钢等各种型钢）、中厚板、热轧带钢、冷轧带钢、镀锌（或镀铝或镀锡）钢板、彩色涂层钢板、钢管（包括无缝钢管和焊管）、线材、钢丝和钢丝绳等产品。

钢铁生产过程包括焦化生产过程、烧结生产过程、炼铁生产过程、炼钢生产过程和轧钢生产过程。

我国是世界上第一钢铁生产大国，具有所有流程和主要产品，特别是钢铁联合企业，产品范围和过程范围比较全面，审核员应对流程和产品有所了解，对生产过程控制的重点比较清楚。

5.1 如何审核炼焦

焦炭主要是炼铁的原料。当审核焦炭时也应了解装煤、推焦和熄焦操作是否符合规范要求。装煤是把煤装入输送机，包括有人工装煤、机械装煤和爆破装煤等方式。推焦作业主要是当出现焦饼难推现象时，应及时分析原因，采取相应措施。若不采用推焦作业，会降低焦炭质量。熄焦是将赤热焦炭冷却到便于运输和贮存温度的焦炉操作过程。烟煤在隔绝空气的条件下，加热到 950~1050℃，经过干燥、热解、熔融、黏结、固化、收缩等阶段最终制成焦炭，这一过程称为高温炼焦（高温干馏）。图 5-2 为炼焦生产流程图。

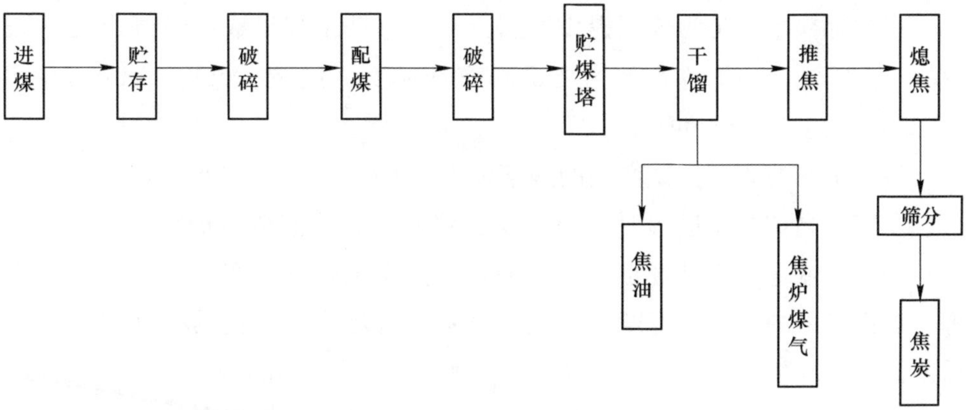

图 5-2 炼焦生产流程图

5.2 如何审核烧结

烧结主要是含铁物料。GB 28662—2012 是关于钢铁烧结、球团工业大气污染物排放标准。本标准规定了钢铁烧结及球团生产企业或生产设施的大气污染物排放限制、监测和监控要求，以及标准的实施与监督等相关规定。

本标准适用于现有钢铁烧结及球团生产企业或生产设施的大气污染物排放管理，以及钢铁烧结及球团工业建设项目的环境影响评价、环境保护设施设计、竣工环境保护验收及其投产后的大气污染物排放管理。

烧结生产过程的质量控制主要包括原、燃料供应和生产工艺过程符合要求，并对质量控制过程是否符合规定要求进行审核。

图 5-3 为烧结生产流程图。

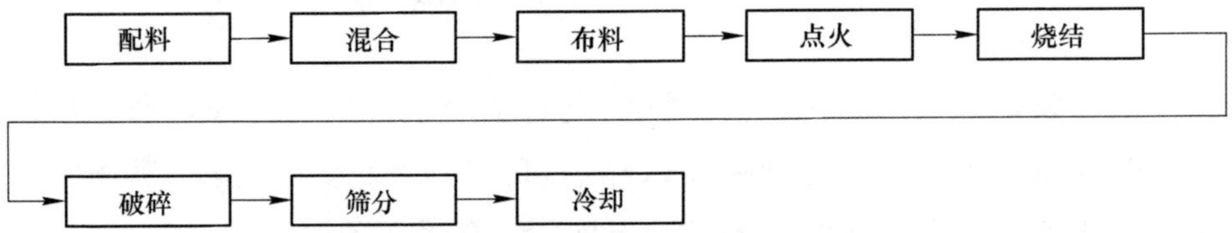

图 5-3　烧结生产流程图

5.3　如何审核高炉炼铁

高炉炼铁主要是为炼钢提供原料，高炉炼铁工程形成的煤气也是钢铁企业的二次能源。高炉炼铁的主要原料有铁矿石、焦炭、煤粉、鼓风和溶剂；而产品是铁水、煤气和炉渣。

高炉生产的炼钢生铁产品的国家标准是 GB/T 717—1998。

在审核高炉炼铁过程时，应主要了解原料、炉前热风炉、铸铁、设备维护和调度运输等工序是否符合规定的要求。质量控制点实行质量特别定置管理，工作场地的湿度、温度、采光、照明等满足作业人员的生理需要与操作需要，作业环境整洁、标牌清晰、各类监测和检测设施完好。

另外，也应了解炼铁过程的节约能源、资源，提高设备效率，加强环保和实现综合治理等。

在审核时也应了解高炉生产经济技术指标，包括冶炼强度、生铁合格率和高炉有效利用水平。

图 5-4 为炼铁生产流程图。

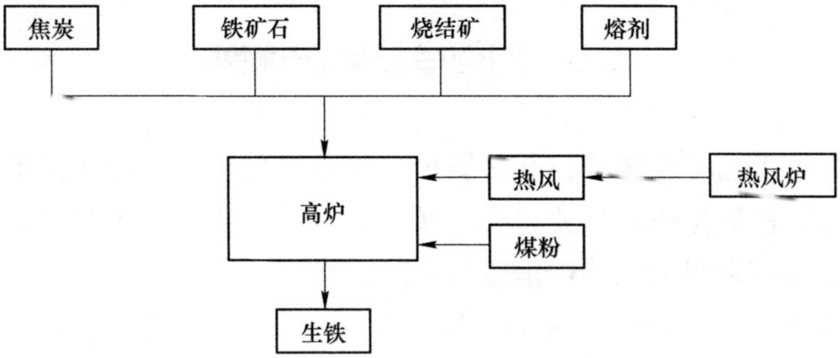

图 5-4 炼铁生产流程图

5.4 如何审核转炉炼钢

转炉炼钢是以铁水、废钢、铁合金为主要原料，依靠铁水本身的热量而在转炉中进行炼钢。转炉炼钢速度快、效率高、投资少、品种多和质量好。

转炉炼钢是钢铁企业最主要的炼钢方法。转炉炼钢有顶吹、底吹和复吹三种炼钢方法。审核时应首先审核转炉炼钢设备是否正常，然后再审核炼钢过程是否符合操作规程，并审核炉渣成分变化和炉渣碱度变化，审核吹炼过程中硅、锰、碳、磷、硫等是否符合操作规程。转炉炼钢的审核内容主要应有装入制度、供氧制度、造渣制度、温度制度、终点控制、脱氧合金化、吹损和喷溅、开新炉操作、出钢合金化和长寿技术、有无操作事故及回炉钢的处理等。

在审核转炉炼钢熔炼过程时，应主要审核吹炼状态（包括吹氧时间、氧气压力、流量、纯度和枪位）、取样（包括钢液成分、温度、追加造渣、提温、冷却剂数量）和出钢状态（包括出钢前钢液成分、温度，合金料规格、品种和数量）。

图 5-5 为转炉炼钢生产流程图。

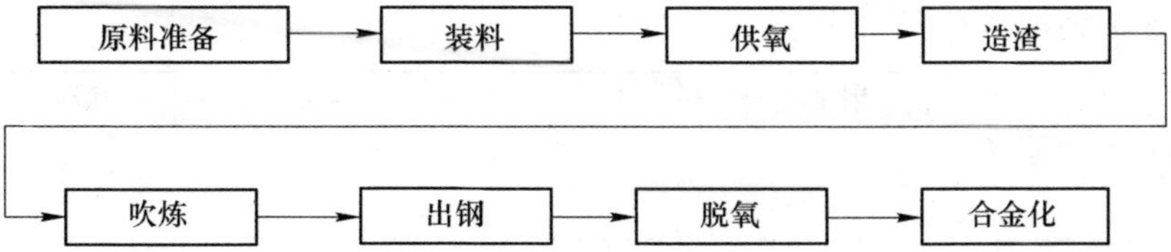

图 5-5 转炉炼钢生产流程图

5.5 如何审核电炉炼钢

电炉冶炼工艺有氧化法、返回氧化法和非氧化法。氧化法是最主要的冶炼工艺。在审核氧化法时主要检查补炉、装料、熔化期、氧化期、还原期和出钢的规定（不过目前电炉炼钢取消了还原期）。

电炉炼钢也包括炉外精炼，即真空脱气法、钢包精炼法、氩气精炼法和氩氧精炼法、喷射冶金及合金元素特殊添加法以及渣洗法，应审核采用什么方法及其效果。

图 5-6 为电炉炼钢生产流程图。

图 5-6 电炉炼钢生产流程图

5.6 如何审核连铸

连铸是把钢液直接浇铸成钢坯的工艺。转炉生产出来的钢水经过精炼炉精炼以后，铸造成不同类型、不同规格的钢坯。连铸工段就是将精炼后的钢水连续铸造成钢坯的生产工序，主要设备包括回转台、中间包、结晶器、拉矫机等。

在审核连铸时应主要审核浇铸温度、速度和冷却制度是否符合要求。另外，铸坯热送热装和直接轧制均应了解连铸坯的质量。连铸坯的质量包括表面质量、内部质量和形状缺陷。

审核热送热装和直接轧制时，也应了解板坯有无表面裂纹、非金属夹杂物、中心偏析和疏松等缺陷。

图 5-7 为连铸生产流程图。

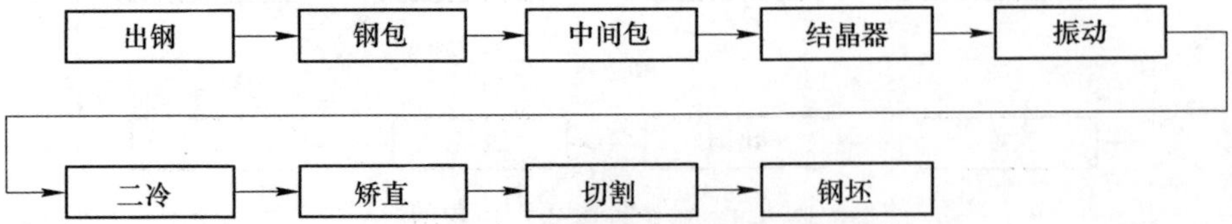

图 5-7 连铸生产流程图

5.7 如何审核轧钢

将钢锭或钢坯加工成一定形状和性能的钢材，需要经过轧钢生产工序。轧钢的主要生产过程包括：坯料准备、坯料加热、轧制、精整等。

（1）坯料准备：坯料准备包括按炉号将坯料堆放在原料仓库，清理表面缺陷，去除氧化铁皮和预先热处理坯料等。

（2）坯料加热：坯料加热是热轧生产的生产工序，将坯料加热到所要求的温度后，再进行轧制。

（3）钢的轧制：钢的轧制是轧钢生产工艺过程的重要工序，其主要任务是精确成型和改善组织性能。

（4）精整：精整工序主要包括钢材的切断或卷取、轧后冷却、矫直、成品热处理、表面清理和包装等工序。

轧钢的钢材有型钢、钢板、钢管、周期断面钢材和特殊断面钢材。

5.7.1 型钢生产过程的审核

型钢在钢材中种类是最多的，包括方钢、圆钢、扁钢、角钢、工字钢、槽钢和钢轨等。

审核内容包括：

（1）坯料堆放：化学成分和尺寸形状是否符合要求，料场堆放是否有序，账物卡（或标识）是否一致。

（2）加热：流程卡或工艺规程、加热温度（加热段和均热段）是否符合规定，测温仪表也应经过校准。

（3）轧制：开轧温度和终轧温度、轧制规程、轧辊材质和加工是否符合规定。

（4）热锯：是否按定尺切断，并控制冷却水量。

（5）冷却：冷床能力是否满足冷却要求。

（6）矫直：是否有矫直设备，矫直效果是否好。

（7）检验：是否进行最终检验和试验。

（8）包装：检测不同品种有不同要求。

（9）交付：是否按合同交付发货。

图 5-8 为型钢生产流程图。

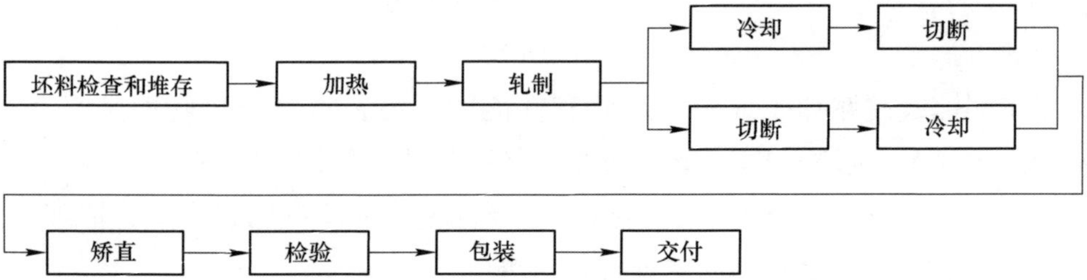

图 5-8 型钢生产流程图

5.7.2 钢板生产过程的审核

审核内容包括：

(1) 钢坯：应符合冶金质量要求，夹杂和偏析少，无表面缺陷。

(2) 加热：加热炉各段温度和出坯温度是否符合规定。

(3) 轧制：审核开轧温度、终轧温度、厚度和板形控制。

(4) 冷却：速度和热矫温度是否符合规定。

(5) 探伤：是否对仪器和当量孔进行校准。

(6) 热处理：热处理是否符合温度、时间和气氛的规定。

图 5-9 为钢板生产流程图。

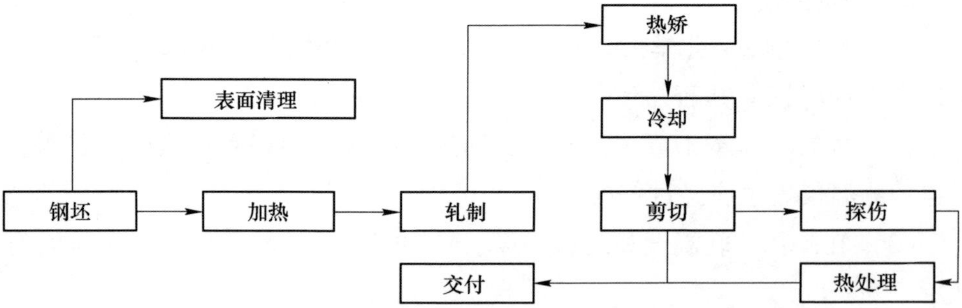

图 5-9 钢板生产流程图

5.7.3 钢管生产过程的审核

审核内容包括：

(1) 首先了解热轧钢管管坯是否符合技术要求。

(2) 根据成品钢管定尺确定管坯长度进行剪断。

（3）为了穿孔对准中心必须定心。定心时是否控制定心孔的形状和尺寸。

（4）加热时应控制加热温度、加热时间和加热速度，防止过热或过烧。

（5）了解穿孔方式是压力穿孔、推轧穿孔还是斜轧穿孔。

（6）是否控制轧制温度、轧制道次、轧辊孔型、顶头尺寸、顶杆直径、荒管外径和壁厚。

（7）是否进行均整来扩径和减壁，是否能够实现改进内外表面质量，是否通过调整轧辊距离、导板距离、顶杆位置和轧辊倾角进行均整。

（8）了解减径和定径活动，减径是否减小直径偏差，定径是否调整各机架轧辊转速、轧制线、孔型高度和导卫位置等。

（9）为了矫直、切管、检查、包装等作业，是否进行冷却。

（10）为了达到规定的弯曲度，是否进行了矫直。

（11）是否需要切管，包括切头、切尾和切成定尺长度。

（12）是否按订货要求进行检查（包括化学成分、力学性能、表面质量、尺寸公差等），判断是否符合要求？

（13）承受流体压力的钢管是否需要进行水压试验。

（14）是否规定和执行了包装交付，即按规定包装交付。

图 5-10 为热轧钢管生产流程图。图 5-11 为冷轧（拔）钢管生产流程图。

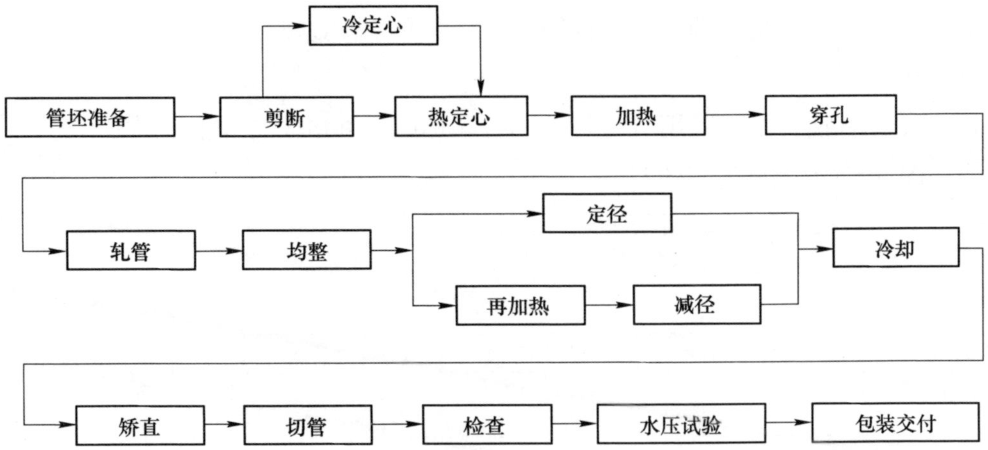

图 5-10 热轧钢管生产流程示意图

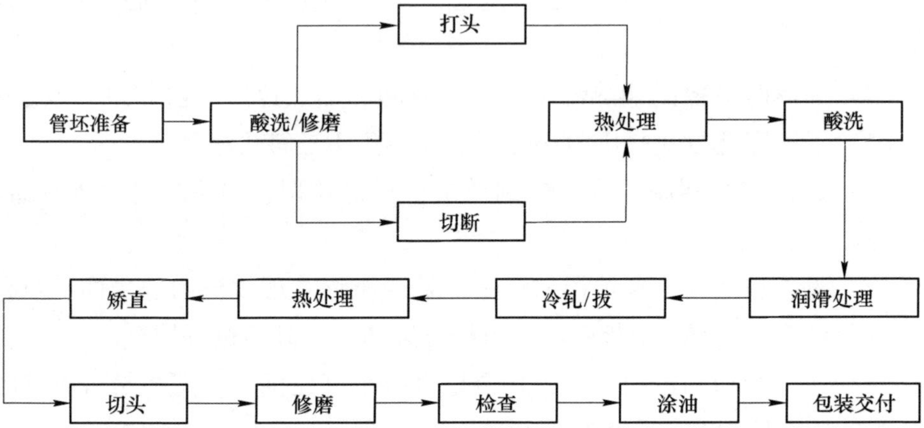

图 5-11　冷轧（拔）钢管生产流程示意图

5.7.4　线材生产过程的审核

审核内容包括：

（1）钢坯：坯料化学成分是否合格，有无控制中心偏析和夹杂，表面是否无缺陷。

（2）加热：加热是否均匀，减少头尾温差。

（3）轧制：严格控制开轧温度和终轧温度。

（4）冷却：线材轧后是否控制冷却。

（5）集卷：为了保证线材的性能是否在 250℃ 以下集卷，最高不应超过 400℃。

（6）打捆：是否采用自动打捆和打印标牌，并电子称重和入库。

图 5-12 为线材生产流程图。

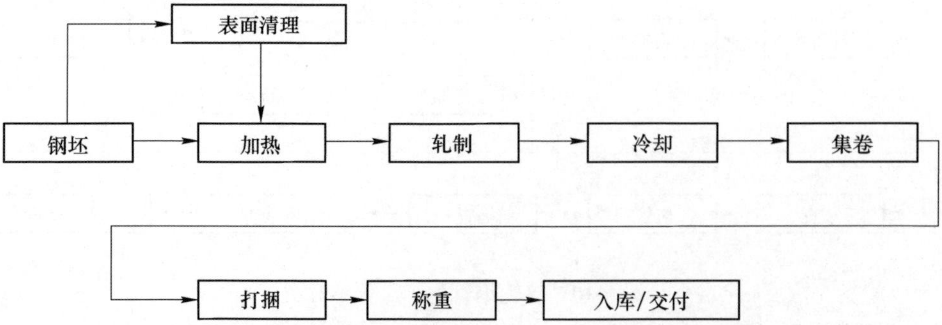

图 5-12　线材生产流程图

5.7.5 热轧宽带钢生产过程的审核

审核内容包括：

（1）坯料准备：化学成分、尺寸公差、弯曲度和端部形状是否符合要求。

（2）是否控制加热温度、时间、速度和温度制度。

（3）钢坯从加热炉出来后，是否采用高压水除去氧化铁皮。

（4）在粗轧过程中有无设定各道次压下量和对速度进行控制，提高粗轧机组的出坯温度，并保证粗轧坯的厚度和宽度。

（5）是否将粗轧坯切除头尾，便于精轧机咬入和卷取机卷取。

（6）是否按轧制规程规定各机架的压下量、轧制温度、速度进行轧制。

（7）是否采用层流冷却和水幕冷却。

（8）卷取温度，一般应在 500~650℃，如果卷取温度过高，晶粒粗大。

（9）热轧钢带的精整，应进行开卷，卷取温度一般为 500~650℃。过高，则晶粒粗大，经过切头、切边、切成定尺和矫平，成为单张钢板交付。

图 5-13 为热轧带钢生产流程图。

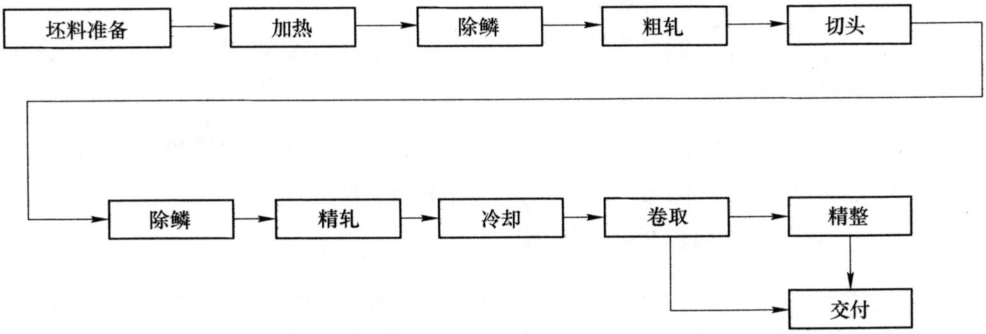

图 5-13 热轧带钢生产流程图

5.7.6 冷轧宽带钢生产过程的审核

审核内容包括：

（1）坯料在准备过程中是否要求和控制化学成分、宽度和厚度尺寸公差（三点差和同条差）以及表面质量。

（2）酸洗过程有无规定和控制酸溶液浓度和温度、酸溶液中亚铁盐含量。

(3) 冷轧过程是否主要采用 AGC 控制厚度。

(4) 退火过程有无规定炉内保护气体的比例、加热时间和冷却时间。

(5) 精整平整过程应控制带钢的延伸率，剪切主要控制尺寸和表面质量，涂油应均匀。

图 5-14 为冷轧宽带钢生产流程图。

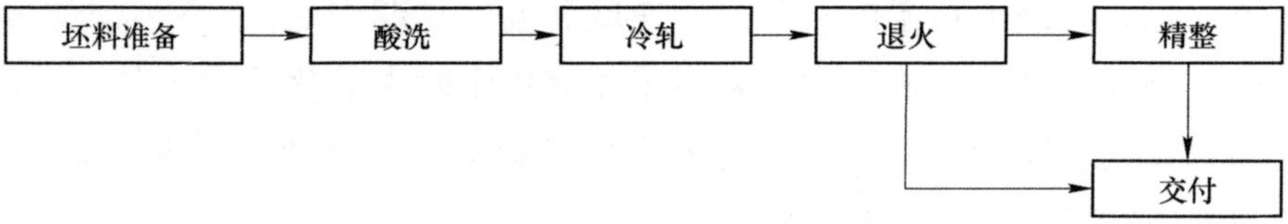

图 5-14　冷轧宽带钢生产流程图

5.7.7　热镀锌钢板生产过程的审核

审核内容包括：

(1) 生产准备是否包括开卷、矫平、切头、堆焊、张紧、入口活套和纠偏，要求入口活套中保持满套状态。

(2) 带钢前处理是为了去掉油脂、氧化铁皮和进行再结晶，是否主要控制无氧化预热炉的预热、还原和冷却温度。

(3) 为了提高镀锌层的黏附性，应当审核是否采用沸腾钢作基板，并应对基板表面有质量要求。

(4) 退火、锌花控制、冷却、光整、矫直和钝化后处理是否符合要求。

(5) 是否控制出口活套、分卷剪、涂油和卷取。

图 5-15 为热镀锌钢板生产流程图。

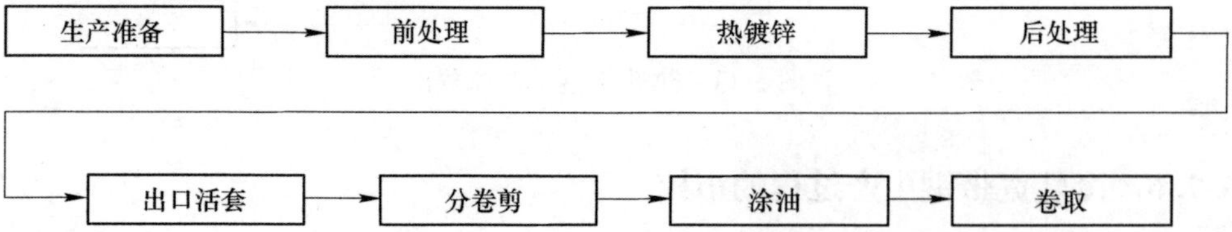

图 5-15　热镀锌钢板生产流程图

5.7.8　螺纹钢和肋骨钢生产过程的审核

螺纹钢是表面带肋的钢筋，也称带肋钢筋，通常有两道纵肋和沿长度方向均匀分布的横肋。其中，螺纹钢分为Ⅰ级螺纹钢（圆钢）、Ⅱ级螺纹钢（HRB235）、Ⅲ级螺纹钢（HRB400）、Ⅳ级螺纹钢（HRB500）。螺纹钢是钢筋混凝土建筑结构的主要增强材料。螺纹钢生产的主要工艺流程是高炉铁水、转炉（电炉）、炉外精炼、方坯连铸、轧制、定尺切割、收集打捆、称重和挂牌入库。

在审核时，首先看有没有螺纹钢筋出厂质量证明书及检测报告，外观检查有无缩颈、断裂、起皮、油污、损伤、直径误差、变形等，应按国家标准 GB 1499 的规定进行审核。

5.7.9 车轮钢生产过程的审核

车轮钢生产过程包括钢坯加热、锻造、轧制和热处理以及机械加工。在审核轿车轮胎质量时，首先识别轮胎标签上的参数。应尽量选择一些大品牌轮胎进行质量检查。车轮应有足够的强度（疲劳强度、冲击强度）、几何精度（轮辋周长偏差、径向跳动量、端面跳动量、轮辐安装面的平面度、车轮定心精度、断面厚度公差及气门嘴孔精度）及良好的平衡（包括车轮相对于本身的定心基准的动平衡和静平衡）。车轮钢如图 5-16 所示。

图 5-16 车轮钢

5.8 对铁合金的审核

铁合金主要是炼钢过程的脱氧剂、合金元素添加剂和结晶孕育处理剂。审核内容主要是成分是否符合标准要求、杂质少、干燥、清洁、粒度合适。

铁合金产品质量是反映电炉铁合金产品和冶炼技术水平的指标。审核铁合金产品质量指标主要是铁合金合格率。产品质量指标包括两个方面：(1) 电炉铁合金合格率（指一次合格率）；(2) 计划牌号符合率。在铁合金行业中，计划牌号符合率是一个很重要的质量指标，它反映铁合金冶炼目标命中的程度，同时也反映铁合金工人的冶炼技术操作水平。

铁合金产品是一个系列产品，每一类铁合金又分为很多牌号，如硅铁合金共有 16 个牌号；铬铁合金分为高碳、中碳、低碳、微碳、真空法微碳等 5 大类别，有 26 个牌号。我国铁合金生产基本没有不合格品，废品率只有百分之零点几，合格率为 99.99%。铁合金如图 5-17 所示。

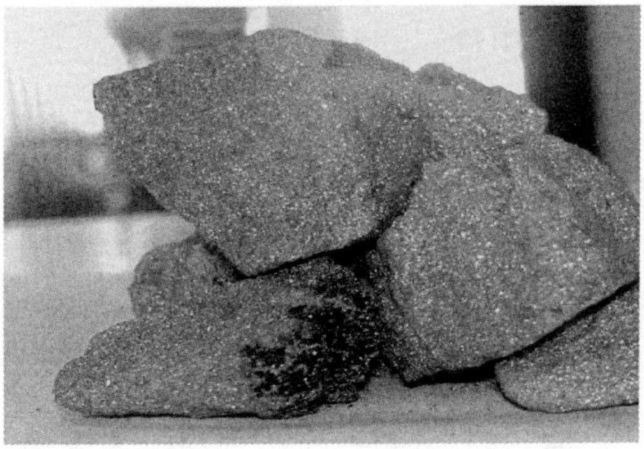

图 5-17　铁合金

5.9　对耐火材料的审核

耐火材料是指耐火度在 1580℃以上的无机非金属材料。耐火材料有酸性耐火材料、碱性耐火材料和中性耐火材料，广泛应用于冶金、建材、化工、有色等高温工业，是跨行业多领域的共用基础材料，也有定形耐火材料、不定形耐火材料和耐火纤维等。目前使用比较多的耐火材料产品有镁碳砖、镁铝碳砖、铝镁碳砖、黏土砖、硅砖、碳砖、高铝砖、镁砖、镁铝质耐火材料、白云石质耐火材料、含锆砖、不定形耐火材料、特种耐火材料、耐火纤维和耐高温涂料等。

耐火材料生产工艺主要有熔铸法、熔融喷吹法以及烧结法。熔铸法是将原料经过配料混匀和细磨等工序，在高温熔化，直接浇注，经冷却结晶、退火成为制品。如熔铸莫来石砖、刚玉砖和镁砖等。它们的坯体致密，机械强度高，高温结构强度大，抗渣性好，使用范围不断扩大。熔融喷吹法是将配料熔化后，以高压空气或过热蒸汽进行喷吹，使之分散成纤维或空心球的方法，制品主要用作轻质耐火、隔热材料。此外，还可制成粉状或粒状不定形耐火材料，临用时以焦油、沥青、水泥、磷酸盐、硫酸盐或氯化盐等结合剂胶结，不经成型和烧结而直接使用。

耐火材料的主要生产过程一般包括原料破碎、细磨、筛分、配料、混练、成型、干燥和烧成等加工工序，而且在这些加工工序中影响制品质量的基本因素也大致相同。

耐火材料的主要检测项目为结构性能，包括气孔率、体积密度、吸水率、透气度、气孔孔径分布、颗粒体积密度、显气孔率、真密度、耐压强度、线膨胀率、线收缩率、粒度、抗渣性等；另外也应检查耐火性能、燃烧性能、燃烧热值、抗火性能、耐高温性能、热学性能、力学性能和使用性能等。

质量管理体系评价可以在不同的范围内，通过一系列活动来开展，如审核和评审质量管理体系以及自我评定。质量管理体系审核是用于确定符合质量管理体系要求的程度。审核发现用于评定质量管理体系的有效性和识别改进的机会。内部审核由企业自己进行，用于内部目的，可作为企业自我合格声明的基础。

冶金用耐火材料如图 5-18 所示。

图 5-18　冶金用耐火材料

6

如何进行内部审核和管理评审

6.1 内部审核

6.1.1 内部审核的规定

GB/T 19001—2016 的 9.2 内部审核的规定为：

（1）组织应按策划进行内部审核，以审核结果质量管理体系评价：

a）是否满足标准和组织质量管理体系的要求；

b）是否得到了有效的实施和保持。

（2）组织应：

a）内审的策划包括：频次、方法、职责、审核要求和报告（应考虑质量目标、相关的过程、重视客户的反馈意见、组织的变化和以前审核结果）；

b）确定每次内部审核准则和范围；

c）选择审核员进行审核，以确保审核过程的客观性和公正性；

d）将审核结果报告给有关管理者；

e）对内审发现的问题，及时采取必要的纠正和纠正措施；

f）保留文件化信息（记录）作为内审计划和结果的证据。

注：参见 ISO 19011 作为指南。

6.1.2 如何进行内部审核

6.1.2.1 指定内审组长

首先由管理者代表或质量管理部门按年度内部审核计划指定审核组长。

如果是三体系联合审核，管理者代表根据企业实际，决定是由一位组长负责，还是由三位组长分别负责质量管理、质量管理和职业健康安全管理体系。在审核开始前，就各自的职责，特别是审核组长的分工，做出明确规定。

6.1.2.2 确定审核目的、范围和准则

组长在制定审核方案时，应确定内审的目的、范围和准则。

审核目的在于评价企业的管理体系是否符合审核准则的要求，是否满足法律法规和合同要求，管理体系的运行是否有效地实现企业规定的目标，探讨管理体系应当进一步改进的方向。

审核范围应明确审核的内容和界限，例如：企业内部的单位和部门，受审核的产品、活动和过程，以及审核的周期界限（一般是在上次审核到此次审核期间）。

审核准则是审核判断符合性的依据，一般包括管理体系标准、企业的方针、手册、程序、标准、适用的法律法规和行业规范以及合同要求等。

在内审过程中，审核组长应带领内审员，确保审核目的、维持审核范围和依据审核准则进行审核。

6.1.2.3 组成内审组

在确定了内审时间、指定了内审组长后，负责管理体系的部门与内审组长协商，组成内审组。在内审员资源比较充分的条件下，在组成内审组时考虑实现审核所需的能力。

当决定内审组的规模和成员时，应当考虑下列因素：

（1）审核目的、范围、准则以及预计的审核时间；

（2）是单项管理体系（例如质量管理体系）审核，还是多项管理体系（例如质量、质量和职业健康安全管理体系）审核；

（3）审核组具备所需的整体能力，包括审核能力和专业能力；

（4）为了确保内审组的独立性和公正性，内审员不应审核本部门或本单位；

（5）内审员与内审组成员能够协同进行审核。

6.1.2.4 编制内审计划

内审组长负责编制审核计划，审核计划应当包括：

（1）审核目的；

（2）审核准则；

（3）审核范围；

（4）审核活动的日期和地点；

（5）审核组成员分工；

（6）审核前后活动。

在现场审核活动开始前（一周左右），审核计划应经管理者代表或主管部门批准，发给受审核方。

6.1.2.5 准备内审文件

内审文件主要包括：检查表和记录。

虽然应根据检查表进行审核，但是审核活动不应受检查表的限制，审核活动可以随着审核过程遇到的情况而变化。工作文件包括记录。检查表和记录在审核完成后，按《记录控制程序》进行管理。

6.1.2.6 首次会议

内审应召开首次会议，管理者代表、主管部门和受审核的单位及部门领导应参加首次会议。首次会议由内审组长主持。

首次会议的目的是：

（1）再次确认审核计划；

（2）简要介绍审核活动；

（3）企业领导提出要求。

6.1.2.7 现场审核

内审组成员按审核计划，到受审核的单位或部门进行现场审核。现场审核主要是通过适当的抽样进行收集并验证。只有可证实是否符合准则的信息，才能够作为审核证据。审核证据应当予以记录。收集信息的方法包括：面谈、观察、查阅文件和记录等。应当对照审核准则评价审核证据，以形成审核发现。审核发现能表明符合或不符合审核准则。

在现场审核时收集信息的目的在于寻找符合性审核证据。收集信息的渠道包括：面谈、观察、查阅文件、检查记录、资料总结、分析指标和来自其他渠道的报告。所有收集到的信息都应当记录。

所有记录应按规定进行保管。在审核中收集到的信息不可避免地只是得到的信息中的一个样本，因为审核是在有限的时间和有限的资源条件下进行的，所以在所有的审核中都存在这种固有的不确定性的因素，审核结论的使用者应注意这种不确定性。面谈是收集信息的重要手段，应当以适合面谈的方式进行。但是，为了得到有代表性的信息，在审核时应当与受审核方内部不同层次和职能的人员面谈，特别是应当考虑那些执行活动或任务的人员。只要有可能，面谈应在面谈对象正常工作的地方进行。应尽可能使面谈对象在进入正式面谈前处于轻松状态，并说明面谈和记录的理由。面谈可以从要求他介绍他的工作开始；应当总结面谈的结果，并对由此所得到的任何结论，尽可能与面谈对象进行交流和验证。提问可以是开放式的和封闭式的，但是应避免诱导式的提问。

内审组应当在结束当天审核计划时进行碰头，共同交流和评审审核发现。

在审核过程中应记录符合和不符合的审核证据。可以对不符合进行分级(一般不符合或严重不符合)。应当与受审核方一起确认和评审不符合，使受审核方理解不符合，以便分析原因加以纠正和改进。

6.1.2.8 准备结论

在末次会议前，内审组应当讨论内审结论。

内审结论应包括以下内容：

(1) 管理体系的运行是否有效，并在保持和改进；

(2) 管理体系的运行与审核准则的符合程度；

(3) 管理评审是否对确保管理体系持续的适宜性、充分性、有效性和改进等具有评审能力和推进作用。

6.1.2.9 末次会议

末次会议也应当由内审组长主持，参加首次会议的领导和各单位或部门的负责人应参加末次会议。在末次会议上，内审组长宣布审核发现和审核结论，将受审核方确认的不符合项也同时发布，并对受审核方采取纠正和预防措施计划提出要求。末次会议应保持记录，包括出席人员的记录。

与外审不同，内审可以对管理体系的改进提出具体建议，但建议没有约束性，受审核方可以采纳，也可以不采纳。

6.1.2.10 内审报告

内审组长应当对审核报告的编制和内容负责。

审核报告的内容包括：

（1）审核目的；

（2）审核范围；

（3）审核准则；

（4）内审组长和成员；

（5）审核时间和地点；

（6）审核发现；

（7）审核结论（包括不符合报告）。

内审报告应当在商定的时间期限内提交给主管部门。内审报告应当根据审核方案程序的规定注明日期，并经评审和批准。批准后的内审报告应由主管部门分发给内审有关的单位和个人。

6.1.2.11　内审的后续活动

内审结论中提出的不符合项，受审核方应分析原因，采取纠正、预防或改进措施。此类措施由受审核方确定并在商定的期限内完成。内审组应对纠正、预防或改进的完成情况及有效性进行验证。验证是内审后续活动的一部分。

从审核技巧来要求应注意：善于运用审核方式（顺向追踪或逆向追溯审核）收集和利用相关的信息与客观证据；必须始终收集符合性和非符合性的信息。收集信息的原则是只收集与审核有关的信息，审核路线应方便收集信息，不介入企业内部矛盾纠纷，不凭个人情绪和道听途说、个人专业和兴趣爱好。信息来源和方法是观察、文件、记录、面谈、背景材料和内部材料。对信息进行优选和验证，注意信息的相关性和再现性。灵活运用各种调查方法，一般要求应善于提问、注意倾听、仔细观察和追踪验证。提问方式有开放式、封闭式和澄清式。

严格周密控制审核过程，包括审核计划的控制，其前提是周密策划，重点是合理安排，关键是设计路线。审核活动的控制包括合理分层地抽样，样本量多少应均衡和力戒用送样失真。注意辨别关键过程，评定主要因素，重视控制结果，注意相关影响，营造良好气氛。审核结果的控制是以客观事实为基础，审核组意见要一致，必须经过对方确认，审核评价有针对性，审核结论有公正性。

目前有不少企业要求提高质量管理体系运行的有效性，当然提高质量管理体系运行的有效性主要取决于企业自身的努力，但是内审员的能力和素质也有非常重要的作用。特别是对企业质量管理体系运行的符合性和有效性的判断，与内审员的能力与素质有直接关系。质量管理的主要目的之一是改进体系和过程，以便不断地提高产品实物质量，满足顾客要求。为了达到这个目的，除了企业不断贯彻、实施和改进文件化质量管理体系外，认证机构的审核员应提高审核能力和素质也是十分必要的。也就是说，质量管理体系运行有效性与内审员有很大的关系。例如：

（1）有些内审员审核力度不大。因为审核是一个抽样的过程，所以有一定的局限性。内审员不应只限于检查体系的部分过程和部门，应根据情况适当扩大审核范围。特别是对历次审核中发现比较薄弱的过程和部门，应在审核时重点加以检查。即使首次现场审核问题不大的部门也存在是否保持质量管理体系持续有效的问题。

（2）有些内审员审核的重点不明确，不应只局限于符合性的检查，应强调有效性。例如对产品要求的评审，不只是审核是否按文件规定进行了评审，而重点应当放在评审是否做到了识别顾客要求和确认具有满足顾客要求的能力。目前不少企业对顾客要求的评审还是一种形式，体现不出“顾客的需求就是企业的追求”的质量方针。顾客超出标准要求的技术条件，往往被拒绝；顾客要求修改合同的正当要求，常常被视为“违约”行为。

（3）内审员的审核内容应在持续改进上多下工夫。例如设计过程如何防止出现先天缺陷，采购过程如何控制原料质量，生产过程如何提高实物质量。有的钢厂在生产螺纹钢时采取负公差轧制，按理论重量交货，占理论重量和实际重量之差的便宜。负公差大了，容易出现不合格品。如何防止出现类似这种现象应成为审核的重点，引导企业采取必要的改进措施，提高产品的实物质量。

（4）内审员在审核过程中应始终坚持原则，随机抽样，正规检查。审核也应准备审核文件和做好审核记录，形成正式审核报告。个别内审员不按时进行审核，重视首次现场审核，忽视监督审核的做法是不符合 ISO 9000 标准精神的。

（5）在审核时应注意对普遍比较薄弱的过程加强审核。例如方针目标的管理、人力资源、数据分析、过程监视和测量等，在转换 GB/T 19001—2016 标准过程中，有些企业对这些过程理解不深，在审核时应适当侧重加大审核力度，推动企业不断接受方针目标管理方法，充分发挥员工的潜力，善于运用科学的管理方法，控制过程参数和产品特性，使质量管理体系运行得更有效。

（6）内审员应将审核作为企业持续改进的一次机会，与质量管理体系内部审核结合起来，使质量机构和质量活动永远以满足顾客要求为中心，紧紧围绕质量方针和质量目标，避免“两层皮”现象。在某种意义上来说，审核可以防止质量管理滑坡，具有稳定和巩固贯彻实施 GB/T 19001—2016 标准成果的作用。

（7）内审员在审核时一般要对上次审核所发现的不符合项的纠正措施实行有效性评价。不符合项的纠正措施是否有效，关键在于是否找到了造成不符合项的原因，并针对原因制订切实可行的纠正措施。所以在审核前，企业应对不符合项是否得到了有效的纠正（关键在于是否找到了原因）加以确认。这本身也是自我纠正、自我改进和自我提高的过程，企业应把它看成是一次改进的机会，认真加以控制。

（8）从目前的审核情况来看，文件控制和记录控制方面的问题不多了，但深层次的质量问题仍然不少。例如质量管理机构不稳定，质量控制措施不到位，质量管理机制不落实。一些企业为了推动销售而谋求认证，为了降低成本而牺牲产品质量，质量管理和成本管理不能综合运作。短期行为多，战略考虑少。因此在审核时，重视解决企业质量管理深层次问题，对提高企业市场竞争力也是非常必要的。

对上述这些问题，内审员具有重要的作用和责任，并与内审员的能力与素质有很大关系。内审员应当具备的基本能力和素质介绍如下。

内审员应当具备一定的教育、工作经历、内审员培训和审核经历。首先内审员应当接受过中等以上的教育，获得注册所规定的知识和技能。这些知识和技能包括与质量有关的方法和技术，包括：质量术语、质量管理原则及其运用、质量管理工具及其运用（如统计过程控制、失效（故障）模式和影响分析等）、过程和产品（包括服务），使内审员能理解审核范围内的技术内容，能够检查质量管理体系并形成正确的审核发现和结论的知识与技能。

内审员应当具备个人素质，使其能够按照规定的审核原则进行工作。这些素质包括：有道德、思想开明、善于交往、善于观察、有感知力、适应力强、坚韧不拔、能够根据逻辑推理和分析及时得出结论。

有道德主要是指职业道德，即公正、可靠、忠诚、诚实和谨慎，关键是能够坚持公正、公开和公平的原则，以标准为准则，以事实为依据来判断质量管理体系的符合性和有效性。审核是个抽样过程，抽样要有代表性，不要只见树木不见森林，更不能以偏概全。在审核过程中，不接收礼金，不游山玩水，不介入内部矛盾，不泄漏企业秘密。

思想开朗是指愿意考虑不同意见或观点，特别是应当尊重同组审核人员的意见，同时也应当倾听受审核方的意见，特别是与自己不同的意见或观点。如有不同意见应当通过讨论或协商取得共识，不可主观武断，更不应将自己的观点强加给他人。善于交往是指灵活地与人交往，内审员能够在审核过程中善于同各种人打交道，并能够从与对方谈话中得到需要的信息。在接触过程中使对方感到你很平易近人，态度友好。为此内审员应注意对不同对象的对话方式和语气，在不同场合的接触方式和语气，不同问题的提问方式和语气。

善于观察是指主动地认识周围质量和活动，在现场审核时内审员应能够主动地去检查主要的过程和活动，并观察周围质量。观察是重要的审核方法，在有限的时间和空间，观察要有重点。不应只靠陪同的向导，应有自己的计划和路线，以便取得完整的、客观的信息。

有感知力，是能本能地了解和理解质量。对观察到的现象能有感性的认识和理性的理解。从感性的认识到理性的理解是本能的体现，并非受别人的影响。也就是说内审员具有认识和理解所观察到的过程、活动或质量的能力。适应力强，即容易适应不同情况。这不仅指生活质量，也指审核质量。既能适应不同类型、规模和产品的企业，也能适应不同地位、性格和年龄的人员；既能适应不同地区、气候和饮食的情况，也能适应不同生产、施工或服务的质量。

坚韧不拔，对实现目的坚持不懈。不要遇到困难就退缩、遇到麻烦就犹豫。对问题要有“打破砂锅问到底”的精神。内审员应有不放松任何线索和不害怕任何困难的坚韧不拔的意志。为了证实符合性，一定要有充分的证据，哪怕这个证据的取得再困难也要一查到底，不能半途而废。

明断，即根据逻辑推理和分析及时得出结论。内审员应牢记任何结论都应有事实做依据。对事实的判断应经过分析，这种分析应是合乎逻辑的，经得起推敲和质疑的。这不仅要求内审员对标准非常熟悉，而且对现象与标准的联系也能够明断。

自立，即在同其他人有效交往中独立工作并发挥作用。这就要求内审员既懂标准，又熟悉专业，否则进入现场会“丈二和尚摸不着头脑”。自立并不意味着内审员是万能的，但是自立的内审员能够“自学习”，适应审核的要求。另外，内审员应当能够运用审核原则、程序和技术，对工作进行有效的策划和组织，按商定的时间表进行审核，优先关注重要问题，通过有效的面谈、倾听、观察和对文件、记录及数据的评审来收集信息，理解审核中运用抽样技术的适宜性和后果，评价所收集信息的准确性，确认审核证据的充分性和适宜性以支持审核发现和结论、评定影响审核发现和结论可靠性的因素、使用工作文件记录审核活动、编制审核报告、维护信息的保密性和安全性、通过个人的语言技能或通过翻译人员有效地沟通、了解管理体系和引用文件、理解审核范围并运用审核准则。

内审员的专业能力和素质是内审员是否能够胜任审核工作的关键，因此评价一名内审员是否具有专业能力是评价内审员的重要任务之一。在评价时，除了了解其专业教育、专业培训、专业技能和专业经验外，还应注意从以下四个方面来评价一名内审员的专业能力。

（1）从检查表中了解。一名内审员是否具有专业能力，关键看他对组织的生产和服务提供过程、过程顺序及其相互作用是否了解，并在检查表中能够将这些过程按顺序和相互作用写出审核提纲；对这些过程的输入和输出关系比较清楚，审核起来主次分明，前后衔接，相互关联，判断准确。例如审核炼钢车间，如果是一名具有专业能力的内审员，他不仅要检查炼钢的主要过程（转炉或电炉），他还能够意识到审核炉前原材料准备、炉后钢水精炼和连续铸造等过程，并从这些过程的均衡运行判断过程的有效性。同样，一名具有专业能力的内审员在审核轧钢车间时，也会以轧钢过程为主，同时审核加热和精整等过程。从对生产和服务提供全过程及其相互关系的识别来评价内审员是否具有专业能力。

（2）从现场审核中观察。具有专业能力的内审员在现场审核时，一般能够抓住过程的主要参数和产品的主要特性进行抽样，并从抽样来判断生产和服务过程的符合性与有效性。例如在转炉车间，关键要抽取冶炼温度和终点成分的样本；在连铸时要抽取浇铸温度和拉坯速度的样本。同样，在轧钢车间，内审员应当把抽样的重点放在开轧温度、终轧温度和产品的尺寸和性能上。如果一名内审员只查有无操作规程或有无质量记录，或者纠缠在无关紧要的活动上，而不去抽取过程的主要参数和产品的主要特性的样本，那么，评价内审员应当引导他注意掌握审核的重点。例如，有的内审员在审核轧钢车间的轧辊加工工段时，他没有把重点放在检查轧辊加工的尺寸和精度上，而一味去查新辊和旧辊标识问题，这就说明他的专业能力比较差。

（3）从数据分析中来判断。对任何一个过程的抽样都是有局限性的。为了减小抽样的风险，内审员应当充分利用组织已有的统计数据，从数据分析中判断过程的符合性和有效性。例如从每月的质量统计报表上可以了解产品合格率、设备作业率、不合格品的性质和生产运行的状态等。一名具有专业能力的内审员不仅应当能够意识到从统计数据中了解过程的状况，而且能够判断过程的水平对比，从而了解组织在寻求改进机会方面的动向和满足顾客要求的程度。例如，在审核连铸过程时，只看当时的浇铸温度记录，也许是符合规程要求的；但是从数据统计中也能看到过热度很高或终点成分不稳定，也会对产品质量造成负面影响。如果内审员对这些统计数据和数据分析没有判断能力，显然他的专业能力是不够的。

（4）能否判断组织是否具有改进意识和行动。具有专业能力的内审员不仅能够从不符合项或不合格品的控制方面来观察组织是否抓住机会进行改进，而且能够从产品和过程的运行趋势来判断组织改进意识和行动。例如有的炼钢厂为了防止出钢温度过高，故意将操作规程中的出钢温度规定高一些。这样一来，即使出钢温度高，也符合规定要求。没有专业能力的内审员是不会发现这些问题的；但是，具有专业能力的内审员就会发现这种“策划”不是以满足顾客要求为出发点和落脚点的，在技术上是向落后让步，没有体现改进的承诺。又如有的耐火材料厂在检查成品时，没有按更新的标准取样，仍然采用已经作废一年多的老标准。如果没有专业能力是不会发现这些问题的。

除上述几点外，在评价内审员的专业能力时，还应注意了解他们对适用的法律法规、国家有关产业政策和产品标准的熟悉程度，是否能够区别技术和设备的先进和落后，是否能够鉴别产品和服务的发展方向，是否在注册的专业范围内不断学习和拓宽自己的专业能力。

审核过程，特别是内部审核应对管理体系改进有所帮助，提供增值性审核。为了实现增值审核，应做到以下几点：

（1）内审过程应以审核持续改进为主，在审核中要检查企业的持续改进计划和持续改进项目的实施情况，以及资源的适宜性。

（2）审核持续改进项目时，应验证得到的预期收益和对企业的增值效果。

（3）了解和收集顾客、供方、员工和其他相关方对持续改进的意见。

（4）坚持按过程方法和系统方法进行审核并保持审核的一致性。

（5）将审核发现与企业的经济损失联系，提高对管理的经济作用的认识。

（6）应识别无效的过程和应优化的过程，提出改进的意见。

（7）应对不符合项的识别和消除发现的原因进行分析。

（8）注意审核发现的问题采取的纠正措施是否有效，使管理体系更完善。

（9）如果可能，应提供针对标准或卓越模式与同行对比的评审。

6.2 管理评审

6.2.1 管理评审的规定

GB/T 19001—2016 的 9.3 管理评审的规定为：

9.3.1 总则

最高管理者应按策划的时间间隔评审组织的质量管理体系，以确保其持续的适宜性、充分性、有效性并与组织的战略方向保持一致。

9.3.2 管理评审输入

管理评审应得到策划和执行并考虑到：

a）以往管理评审的措施的状况。

b）质量管理体系相关的外部和内部问题的变更。

c）质量管理体系的绩效和有效性方面的信息，包括以下方面的趋势：

1）顾客满意度和相关利益方的反馈；

2）质量目标的实现程度；

3）过程绩效及产品和服务的符合性；

4）不符合及纠正措施；

5）监视和测量结果；

6）审核结果；

7）外部提供方的绩效。

d）资源的充分性。

e）处理风险和机会所采取的措施的有效性。

f）改进机会。

9.3.3 管理评审输出

管理评审输出应包括以下有关的决定和措施：

a）改进机会。

b）质量管理体系的任何变更需求。

c）资源需求。

组织应保留文件化的信息作为管理评审结果的证据。

6.2.2 如何进行管理评审

最高管理者应按计划的时间间隔，对组织的质量管理体系进行评审，以确保其持续适宜性、充分性和有效性。评审应包括评价改进的可能性和对质量管理体系进行修改的需求，包括对质量管理方针和质量管理目标的修改需求。

管理评审是由企业的最高管理者主持进行的，主要目的在于了解质量管理体系运行情况，从而判断管理体系和方针目标的持续适宜性、充分性和有效性。

6.2.2.1 管理评审的输入

管理评审的输入主要有：

（1）内部因素：包括审核结果在内的企业内部因素，例如产品和生产过程控制情况、适用的法律法规和其他要求的满足情况、方针目标和管理方案执行情况、产品生产责任制落实情况、质量管理教育进行情况、质量合格措施计划完成情况、设备和工程管理情况、质量管理用品使用情况、现场劳动水平改进情况等。

（2）外部因素：主要指质量的变化，包括适用的法律法规的变化和适应情况、外审提出的审核结论和不符合报告的改进要求、相关方的要求和意见、同行业的质量改进措施和事故案例处理等。

（3）检查和纠正措施：包括常规的、主动的和定期的，非常规的、被动的和非定期的，产品质量发现的问题，纠正措施、预防措施和持续改进承诺的落实情况，遵守适用的法律法规和其他要求的执行情况，内审和外审情况，政府有关部门监督检查情况，事故、事件调查、分析、处理和报告情况等。

6.2.2.2　管理评审的输出

最高管理者通过上述管理评审，应对质量管理体系运行做出分析和评价，肯定成绩，指出不足，以及可能需要修改的质量管理体系方针、目标和其他要素，并确定提供必要的资源。

管理评审中提出的问题和解决的措施，应责成有关部门进行沟通和协商，并跟踪验证，在下一次管理评审时进行报告等。